汉语言专业本科系列教材 · 商务类

下

# 高级商务汉语阅读教程

# BUSINESS CHINESE: ADVANCED READING

沈庶英 编著

ERYA CHINESE 尔雅中文

北京语言大学出版社
BEIJING LANGUAGE AND CULTURE UNIVERSITY PRESS

图书在版编目(CIP)数据

尔雅中文：高级商务汉语阅读教程．下 / 沈庶英编著．
—北京：北京语言大学出版社，2012.6(2025.2重印)
对外汉语本科系列教材
ISBN 978-7-5619-3293-3

Ⅰ.①尔… Ⅱ.①沈… Ⅲ.①商务－汉语－对外汉语教学－教材 Ⅳ.①H195.4

中国版本图书馆 CIP 数据核字（2012）第 118539 号

书　　名：尔雅中文·高级商务汉语阅读教程·下
责任印制：邝 天

出版发行：北京语言大学出版社
社　　址：北京市海淀区学院路 15 号　　邮政编码：100083
网　　址：www.blcup.com
电　　话：发行部　010-82303650 / 3591 / 3651
编辑部　010-82303647 / 3592
读者服务部　010-82303653 / 3908
网上订购电话　010-82303668
客户服务信箱　service@blcup.net
印　　刷：北京市金木堂数码科技有限公司
经　　销：全国新华书店

版　　次：2012 年 6 月第 1 版　　2025 年 2 月第 4 次印刷
开　　本：889 毫米 ×1194 毫米　1/16　印张：11
字　　数：239 千字
书　　号：ISBN 978-7-5619-3293-3 / H·12075
定　　价：58.00元

PRINTED IN CHINA

# 总 序

《尔雅中文——汉语言专业本科系列教材》（以下简称《尔雅中文》）是面向以汉语作为第二语言的学习者的汉语言专业本科学历教育教材，是继上世纪 90 年代至本世纪初出版的《对外汉语本科系列教材》之后推出的新一代大型系列教材。

近年来，国际职场对复合型汉语人才的需求猛增，对专业建设、教学改革、课程建设以及教材编写都提出了新的要求。我们顺应这一发展趋势，将汉语言专业的人才培养目标由以往单纯强调语言技能的“汉语专门型人才”调整为目前的具备“语言 + 专业”复合能力的“汉语通用型人才”，在汉语言专业陆续增设一些新的方向，凸显出汉语言专业课程体系的时代特色。但是，我们充分认识到，对于汉语言专业的学生而言，核心问题仍是如何更有利于自身语言能力的提高，特别是语言交际能力、认知能力、跨文化交流能力等综合性、复合型能力的提升。因此，虽在语言技能、语言知识课程外增设了较为系统的历史文化、国情社会、经济商务等方向课程，但是，这些课程不是仅用来灌输知识的，而是为更好地扩展语言能力而服务，以语言能力培养为核心的理念并未改变。

《尔雅中文》教材体系与专业课程体系紧密相连，包含了横向和纵向两个序列：横向上，在不断完善语言技能、语言知识、文化系列教材的基础上，增设了较为系统的商务、翻译、教学等专业方向的专业语言技能和专业知识教材；纵向上，建立起更为缜密的综合课与听、说、读、写、译各分技能课的一至四年级的梯度等级，平衡了一般技能课跟各序列的专业技能课、知识课的比例。横向与纵向协调发展，形成了汉语言专业本科大型教材的网状系统，最大程度地体现出专业教学的系统性、关联性、层级性和针对性，也为以汉语言专业为依托、面向汉语作为第二语言学习者的本科专业群的建设奠定了坚实的基础。《尔雅中文》教材相对应的课程序列与梯度等级如图所示：

课程序列与梯度等级示意图

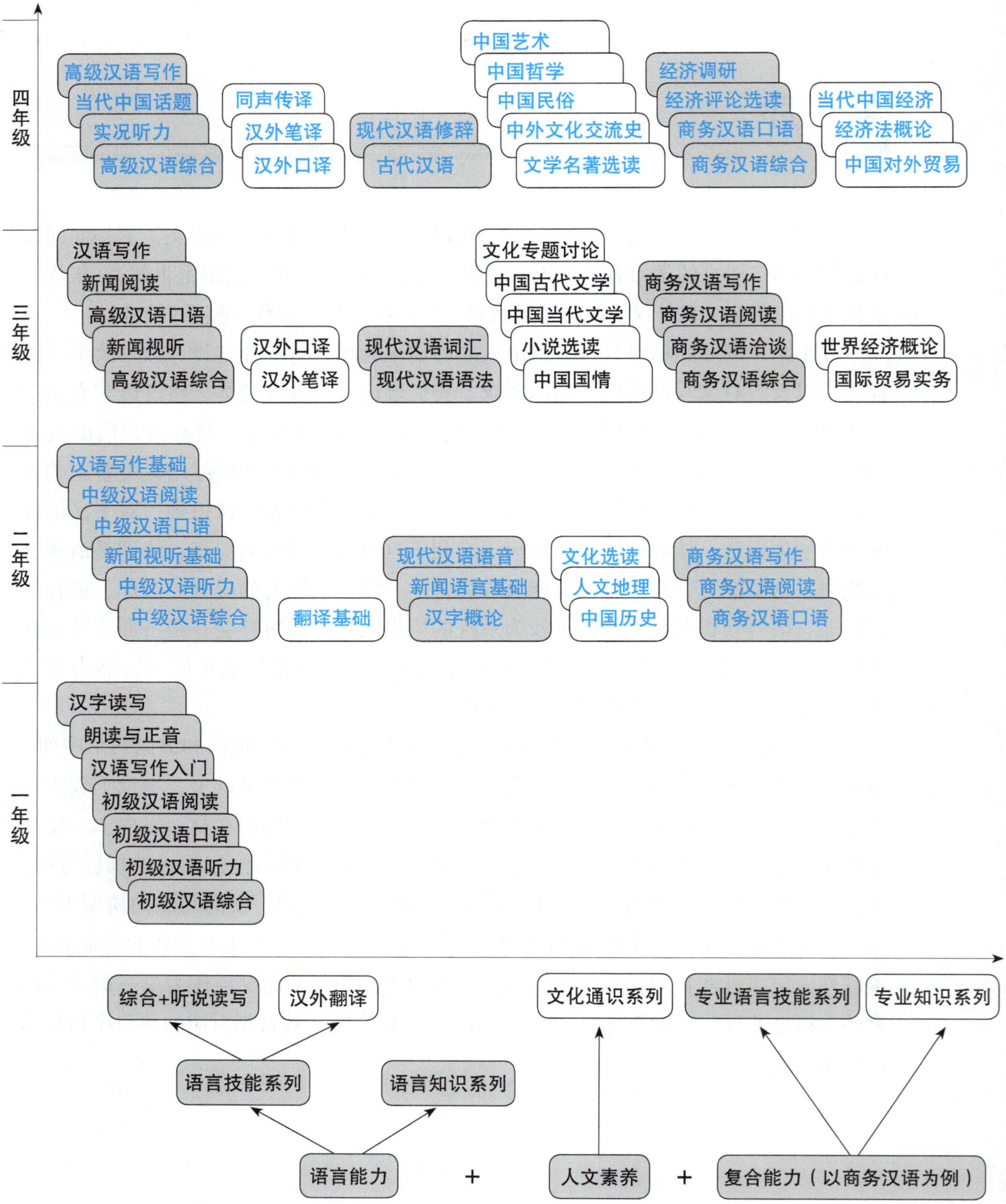

《尔雅中文》系列教材在继承上一代《对外汉语本科系列教材》长处的同时，更加贴近现实社会需要和学习者的需求，也融入了近些年汉语言专业课程建设与教学改革的多方面成果，从而呈现出崭新的面貌，形成了自己的特点。概括起来有以下四点：

## 一、总体设计更具系统性和前瞻性，最大程度地反映出专业人才培养的新目标

语言技能、语言知识、文化知识、专业语言技能、专业知识五大板块既相互关联，又各自独立。语言技能课程贯穿始终，凸显以养成语言能力为主的专业发展理念；文化知识序列不断丰富，体现出对汉语国际教育本质的全面认识，自觉地将提升人文素质、培养全面发展的人作为汉语言专业本科教育的最终目标。专业技能和知识课程在中高级阶段逐步增加，循序渐进，实现由初级的"语言技能＋语言知识"基础能力向中高级的"语言＋专业"综合能力的自然过渡。同时，各专业方向的教材都具有自身特色，自成体系，体现了统一中的多样性，也体现了专业人才培养模式向厚基础、宽口径、复合型的转变。

## 二、语言技能序列的设计更具延展性，结构更加合理

作为面向汉语作为第二语言学习者的汉语言专业本科系列教材，由汉语综合技能与以"听、说、读、写"分立形成的各分技能训练无疑是其主干部分。这套教材的设计与编写，不仅填补了中高级阶段"听、说、读、写"分技能教材的诸多空白，而且增强"译"这一重要的技能，形成了"听、说、读、写、译"各自独立并相互关联的完整的分技能序列。与此同时，初、中、高各教学阶段逐层递进，且横向延伸，使得语言技能教材序列更加协调和完整。由于汉语综合课以及听、说、读、写、译各技能课都自成体系，具备面向初、中、高三个阶段、四个年级的多层级和覆盖面广的特点，因此，教材的使用范围、对象就不限于本科学历教育，而是对各种层次和需求的中文学习者都具有不同程度的适用性，可以各取所需。

## 三、强化以学习者为中心的教材编写意识，跨文化视角更加突出

编写者大都为多年从事汉语作为第二语言教学工作的资深教师，基本上都具有海外汉语教学的经历，对不同课型的教学原则和实践策略有着较为深入的了解和体会，对大量的同类汉语教材的编写理念以及教学法、跨文化交际理论等做过前期研究。从教师规划学习内容、层级、知识点，到编排教材中的练习及设计课堂活动，尽量从学生学习的视角和跨文化的视角去安排、镕裁，换言之，更加重视教材编排跟教学过程、习得过程与效果的关联程度，使语言及文化、商务的教材内容丰富而生动，以提高学生主动学习的兴趣以及课堂活动的参与度。

## 四、通过调查统计、大纲设计和试用试验等环节，使教材编写有章可循，科学实用

新一代汉语言专业本科系列教材的编写工作启动于2007年，首先对原有教材、国内外市场同类教材的使用情况进行调研。编写者均为相应课型的任课教师，且大多参与过上一代教材的编写工作，对任务轻重和努力方向都有较深的体会。同时，组织资深的教学研究专家以及语言、文化、商务、翻译等领域专家，与教材编写小组共同研讨，确立各部教材的基调，审阅推敲文稿，斟酌取舍。教材编写过程较长，各位作者付出了大量心血，已编成的教材提交出版前大多试用过几个学期，对象涉及来自世界上80多个国家和地区的上千名留学

生，每学期试用后，教师都会汇总情况，分析研究，做出适当的修订、更新。

大纲是教材编写的重要前提，并贯彻于整个编写过程。教材与大纲处于动态关系之中，大纲统摄教材，但并非一成不变，教材编写促使大纲趋于完善。本系列教材主要参照《高等学校外国留学生汉语言专业教学大纲》（2002）和《新汉语水平考试大纲（1-6级）》（2009、2010），同时参酌各类语言大纲、框架、标准、词表、调查报告等研究成果，其中的各个序列、各部教材都按照自身性质与类型，研制了便于操作的词汇、语法、功能及话题大纲，既自成一体，又相互照应。对此，各部教材都有自己的编写前言，会做更详细的说明。大纲编订与教材编写相辅相成，教材一面世，大纲也随即推出，如商务汉语方向的教材编写者同时研制出版了《经贸汉语本科教学词汇大纲》（2012），文化大纲的编订也与教材编写协调配合，这些使得教材编写的科学性和内在系统性得以保障。

根据不同的课程性质和专业方向，《尔雅中文》系列教材划分为四大序列：汉语言技能与知识；汉外翻译；文化通识；商务汉语。翻译往往被视为一种语言技能，原本可归入语言技能与知识序列，但鉴于翻译能力是一种复合能力，翻译类课程及教材在一至四年级自成一统，翻译综合课、口译课、笔译课等体系完备，且涉及多个国别，所以这里单列出来。

北京语言大学面向留学生开办汉语言专业的本科学历教育，始于上世纪70年代末，其成长过程历史地见证了中国改革开放以来汉语国际教育的发展。历经几代人的辛勤努力，2008年9月，汉语言专业被批准为国家级高等学校特色专业，2010年7月，汉语言专业教学团队被评为国家级教学团队。这套教材的大部分编著者均出自这一专业团队。汉语言专业的每一步改革与创新，都离不开北语几代对外汉语教育工作者的关心与鼓励，离不开学校领导及海内外专家的大力支持。这里要特别感谢北京语言大学出版社董事长戚德祥、总编辑张健和各位责任编辑，这套教材历经数年终于得以问世，跟他们的严谨态度、耐心督促和细致工作密不可分，而教材得以入选新闻出版总署“十二五”国家重点出版物出版规划项目，正是教材编写规划团队与编辑出版团队精诚合作的结果。

系列教材取名“尔雅”，众所周知，《尔雅》是中国古代汇集分类专门词语以供人学习的经典，这里取其字面义，“尔”通“迩”，“尔雅”指趋于雅正、得体。语言学习不可一蹴而就，而是一个不断接近目标语和目标文化的累积过程，或许正因如此，英人威妥玛（Thomas Francis Wade）将其所编的汉语口语和书面语教材命名为《语言自迩集》和《文件自迩集》。我们编写新一代汉语言专业本科系列教材，同样是希望学生通过系统的学习，逐渐接近目标语言与文化，获得较强的跨文化交流能力，最终不仅要达到较高的汉语水平，而且要更加深入地了解中国社会政治经济和历史文化。

是为总序。

郭　鹏

于北京语言大学

# 编写说明

## 一、适用对象

本教材是为高级商务汉语学习者编写的阅读教材，目的是让学习者既学习汉语知识，又了解商务知识和商务文化，力求提升其汉语阅读能力、商务沟通能力和跨文化交际能力。教材适用于课堂教学，也适用于自学。

## 二、构成

教材分为上、下两册，每册按话题分为 8 个单元，每个单元 4 课，其中前两课为精读课文，后两课为泛读课文，全套教材共计 64 课。每个单元前面设有“单元导学与任务”，后面设有“阅读指导”和“休闲阅读”。每课后面设有语言点“注释”。

## 三、特点

1. 兼容新理念。教材编写运用任务型教学法和内容型教学法相结合的综合教学法思想，加强了实践教学的比重。

2. 突出实用性。教材编写从使用者角度出发，按照教学和学习步骤安排顺序，符合阅读课程一般的上课形式。

3. 体现开放性。通过“单元导学与任务”，为使用者提供探究式学习和开放式教学的思路。练习题型依不同步骤展开，既有对课文内容的理解题，也有对语言知识的运用题，还有进一步拓展提高题，给学习者留有探究的空间。

4. 注重覆盖多种语体。课文既有书面语，又有口语；既有叙述体，又有对话体；既有正式场合使用的语言，也有一般生活场景使用的语言。

5. 选词有据可依。教材编写主要参考了《经贸汉语本科教学词汇大纲》，同时也兼顾《高等学校外国留学生汉语言专业教学大纲》（附件一）、

《商务汉语考试大纲》，注重通用汉语词语和商务汉语词语相结合。

6. 商务特色鲜明。课文的内容均为商务领域，词语的例释多以商务生活义项为主，展现商务知识、商务文化和中国社会经济生活的方方面面，有助于学习者了解中国社会和经济情况，体现了专门用途汉语的特色。

## 四、使用建议

1. 教材内容可以满足一学年课堂教学使用，上、下册分别为一个学期的教学内容。也可以根据实际情况有选择地调整、取舍。

2. 教材每单元可用四学时完成。建议把每单元的第一课和第三课搭配、第二课和第四课搭配使用，分别作为一次课的内容。

3. 教学过程可以按照每课的展开步骤依序进行。

4. 建议学习者充分利用“单元导学与任务”的内容，扩大知识和信息量，培养自主学习的能力。

本教材在编写过程中，研究生康淑丽、朱木做了一定资料整理工作；北京语言大学出版社总编辑张健和编辑于晶等老师为本教材的出版付出了大量的心血和汗水。在此，一并致以谢忱！

教材选文大部分是近年的媒体语料。为教学需要，作了少许修改。在此向原作者表示衷心感谢。如有任何问题，请与编者联系：北京语言大学汉语学院沈庶英。

编者

# 目 录

# 1 区域经济篇



**单元导学与任务**

中国改革开放和区域经济的发展促进了区域经济特色的形成。学习本单元，请完成下面的任务：

1. 查找资料，看看中国按照经济特点可以划分为多少个区域。
2. 说说各区域之间的联系。
3. 谈谈你对中国利用各区域优势发展经济的看法。

# 1 四大区域经济合作发展新格局

## 第1步 词语热身 阅读前请熟悉这些词语

| | | | | |
|---|---|---|---|---|
| 1 | 格局 | géjú | 名 | 结构和格式。<br>◎ 随着近几年经济的发展，长江三角洲形成了新的发展格局。 |
| 2 | 崛起 | juéqǐ | 动 | 站立起来。<br>◎ 改革开放带动了中国经济的崛起。 |
| 3 | 战略 | zhànlüè | 名 | 决定全局的策略。<br>◎ 这个长期发展战略明确了公司未来十年的定位。 |
| 4 | 推进 | tuījìn | 动 | 推动工作，使前进。<br>◎ 新的管理办法实施以后，工作又向前推进了一大步。 |
| 5 | 一体化 | yìtǐhuà | 动 | 使变为关系密切的一个整体。<br>◎ 全球经济一体化已经成为新的发展趋势。 |
| 6 | 态势 | tàishì | 名 | 状态和形势。<br>◎ 我公司今年上半年发展态势良好，预计下半年可以提前完成生产指标。 |
| 7 | 互动 | hùdòng | 动 | 互相作用、互相影响。<br>◎ 各个城市之间的互动可以带动城市圈的整体发展。 |
| 8 | 率先 | shuàixiān | 副 | 带头，首先。<br>◎ 他们小组率先完成了任务。 |
| 9 | 强劲 | qiángjìng | 形 | 强大有力。<br>◎ 良好的对外贸易政策给经济发展注入了强劲动力。 |
| 10 | 推移 | tuīyí | 动 | 时间、形势、风气等移动或发展。<br>◎ 随着时间的推移，双方进一步加深了了解，合作也更加愉快。 |
| 11 | 增长极 | zēngzhǎng jí | | 增加和提高的一个点。<br>◎ 环渤海地区成为了中国经济发展的一个新的增长极。 |
| 12 | 配套 | pèitào | 动 | 把若干相关的事物组合成一整套。<br>◎ 采用新的模式，相应的配套措施也应该跟上。 |

| | | | | |
|---|---|---|---|---|
| 13 | 节点 | jiédiǎn | 名 | 比喻几个相关事物连接处。<br>◎ 大型广场的中心雕塑就是一个景观节点，其作用是吸引周边的视线。 |
| 14 | 壁垒 | bìlěi | 名 | 比喻对立的事物和界限。<br>◎ 凡是正常贸易受到阻碍，市场竞争受到人为干扰，都属于贸易壁垒范畴。 |
| 15 | 市场分割 | shìchǎng fēngē | | 把市场根据某种原则分化成几个部分。<br>◎ 产业分工导致市场分割细化。 |

## 第 2 步　问题预览　阅读前请用 1 分钟浏览这些问题

1. 中国的区域经济合作发展形成了什么样的新格局？
2. 中国沿海地区形成了怎样的三足鼎立态势？
3. 三足鼎立态势的形成给中国区域经济发展带来了什么影响？
4. 天津滨海新区是在继哪些经济区之后发展起来的？
5. 中国东部沿海地区相当一部分产业开始向中西部地区转移，原因是什么？
6. 成渝地区被批准成为全国统筹城乡综合配套改革试验区的意义是什么？
7. 武汉城市圈和长株潭城市群促进中部地区崛起的有利条件是什么？
8. 文中“承东启西”是什么意思？“承东启西”的区域包括哪些省份？
9. 中国中部地区的特点是什么？
10. 加强东西南北各区域协调合作的意义是什么？

## 第 3 步　快速阅读　快速阅读课文，回答第 2 步的问题

### 四大区域经济合作发展新格局

（字数：865　参考时间：5 分钟）

随着促进中部地区崛起和西部大开发战略的加速推进，中国目前已初步形成东部发展、西部开发、中部崛起和东北振兴等四大区域经济合作发展的新格局。

经过改革开放30多年的发展，中国沿海地区区域经济一体化特征日益明显。长江三角洲、珠江三角洲和环渤海地区三大城市群三足鼎立态势的形成，使得分工协作、互动发展成为中国区域经济发展的总体趋势，多层次、多形式、宽领域的合作态势更加明显。

东部重点区域经济的崛起，对相关区域和全国经济发展的带动作用举足轻重。率先活跃起来的珠三角和长三角经济区，以及随后兴起的环渤海经济区，以其强劲的力量，将经济发展的大潮由南向北推移，由东向西拓展。

随着综合实力不断增强，服务功能进一步完善，天津滨海新区已成长为继深圳经济特区、浦东新区之后，又一带动区域发展的新经济增长极。

近年来，受劳动力成本提高、人民币升值、土地资源、环境等方面的限制，中国东部沿海地区相当一部分产业开始了向中西部地区转移。

2007年6月，成渝地区被批准成为全国统筹城乡综合配套改革试验区。这是继上海浦东新区、天津滨海新区之后，国家批准的又一个综合配套改革试验区，它将会促进西部大开发战略再上新的台阶。

2007年12月，武汉城市圈和长株潭城市群获批“全国资源节约型和环境友好型社会建设综合配套改革试验区”，以中部地区能源及劳动力资源丰富、人口密集、市场潜力大等优势，探索新的经济发展道路，促进中部地区崛起。

作为承东启西的节点区域，包括山西、河南、安徽、江西、湖北、湖南六省的中部地区，人口和经济总量分别占全国的28%和20%以上，是中国重要的粮食主产区，又是国家综合运输网络的中心区域和重要的能源、原材料基地，在中国经济社会发展全局中占有重要地位。

加强东西南北各区域协调机构之间的合作，已在中国区域合作机制创新中形成新的突破。目前，在全国区域经济格局中，各大区域之间的合作日趋密切，相互之间的种种“壁垒”正在被打破，市场分割的问题和矛盾正随着全国统一市场的建立和区域互动机制的完善而得以解决，各地区的比较优势，将随着分工合作的深化和经济资源的整合而在全国范围内实现优化配置。

## 第4步 仔细阅读 仔细阅读课文，完成下列练习

### 一 结合课文内容解释词语

1. 三足鼎立

2. 举足轻重

3. 承东启西

## 二　根据课文内容判断正误

(　　) 1. 促进中部地区崛起和西部大开发战略的加速推进，是中国四大区域经济合作发展新格局形成的社会背景。

(　　) 2. 东部重点区域经济的崛起，带动了相关区域和全国经济的发展。

(　　) 3. 中国区域经济发展按时间先后顺序是：珠三角经济区、长三角经济区、环渤海经济区。

(　　) 4. 中国区域经济按空间由南向北的顺序是：珠三角经济区、长三角经济区、环渤海经济区。

(　　) 5. 2007 年 6 月，成渝地区被批准成为全国统筹城乡综合配套改革试验区。这是中国的第五个经济特区。

(　　) 6. 2007 年 12 月，武汉城市圈和长株潭城市群获批“全国资源节约型和环境友好型社会建设综合配套改革试验区”，从而带动了全国经济的发展。

(　　) 7. 中国的中部地区有六个省。

(　　) 8. 中国的区域合作机制已经形成。

## 三　选择合适的词语填空

1. 经过改革开放 30 多年的发展，中国沿海地区区域经济＿（1）＿特征日益明显。长江三角洲、珠江三角洲和环渤海地区三大城市群三足鼎立态势的形成，＿（2）＿分工协作、互动发展成为中国区域经济发展的总体趋势，多层次、多形式、宽领域的合作态势更加明显。

2. 作为承东启西的节点区域，包括山西、河南、安徽、江西、湖北、湖南六省的中部地区，人口和经济总量分别占全国的 28% 和 20% 以上，是中国重要的粮食＿（3）＿，又是国家综合运输网络的中心区域和重要的能源、原材料基地，在中国经济社会发展全局中＿（4）＿重要地位。

| | | |
|---|---|---|
| （1）A. 一体化 | B. 一元化 | C. 整体化 |
| （2）A. 导致 | B. 致使 | C. 使得 |
| （3）A. 特产区 | B. 主产区 | C. 生产区 |
| （4）A. 占有 | B. 拥有 | C. 具有 |

## 四　根据课文内容填空（每空填一个汉字）

中国的改革开放带动了区域经济的发＿＿，区域经济的发展又＿＿动了全国经济的发展。珠三角和长三角经济区率＿＿活跃起来，随后兴＿＿的环渤海经济区，以其强劲的力量，将经济发展的大潮由南向北推＿＿，由东向西拓展。

随着综合实力不断增强，服务功能进一步完善，天津滨海新区已成长为______深圳经济特区、浦东新区之后，又一带动区域发展的新经济增长极。

近年来，受劳动力成本提高、人民币升值、土地资源、环境等方面的限制，中国东部沿海地区相当一部分产业开始了向中西部地区______移。

## 第5步 深入理解 深入理解课文，完成下列练习

### 五 概括本课的主要意思

### 六 讨论

你对中国目前形成的四大区域经济合作发展的格局怎么看？

## 注释

### 1. 以

凭借，借助于。例如：

（1）随后兴起的环渤海经济区，以其强劲的力量，将经济发展的大潮由南向北推移，由东向西拓展。

（2）以中部地区能源及劳动力资源丰富、人口密集、市场潜力大等优势，探索新的经济发展道路，促进中部地区崛起。

### 2. 继……之后

表示在一个事物出现之后又出现相关的另一个事物。例如：

（1）天津滨海新区已成长为继深圳经济特区、浦东新区之后，又一带动区域发展的新经济增长极。

（2）这是继上海浦东新区、天津滨海新区之后，国家批准的又一个综合配套改革试验区。

# 2 打造青藏高原经济带

## 第1步 词语热身 阅读前请熟悉这些词语

| | | | | |
|---|---|---|---|---|
| 1 | 载体 | zàitǐ | 名 | 承载知识或信息的物质形体。<br>◎ 语言文字是信息的载体。 |
| 2 | 辐射 | fúshè | 动 | 从中心向各个方向沿着直线伸展出去。<br>◎ 奥运经济能量将由奥运会的举办城市辐射到周边城市。 |
| 3 | 优势 | yōushì | 名 | 能压倒对方的有利形势。<br>◎ 年轻人的优势是精力旺盛。 |
| 4 | 品位 | pǐnwèi | 名 | 指物品质量、文艺作品所达到的水平。<br>◎ 这一地区文化氛围浓厚，人们的欣赏品位也高。 |
| 5 | 非凡 | fēifán | 形 | 超过一般，不寻常。<br>◎ 他凭着非凡的才能很快就使公司扭亏为盈了。 |
| 6 | 魅力 | mèilì | 名 | 吸引人的力量。<br>◎ 他们的表演风格独具魅力，受到当地观众的欢迎。 |
| 7 | 毗邻 | pílín | 动 | 相邻。<br>◎ 两个相毗邻的城市在经济上可以互相依托。 |
| 8 | 号称 | hàochēng | 动 | 用某种名号称呼。<br>◎ 藏东南号称亚热带天然植物园。 |
| 9 | 异彩纷呈 | yìcǎi fēn chéng | | 奇异的光彩纷纷呈现出来。<br>◎ 本次展览会上各种作品造型异彩纷呈，令人目不暇接。 |
| 10 | 得天独厚 | dé tiān dú hòu | | 独具特殊优越的条件，也指所处的环境特别好。<br>◎ 这个城市地处交通节点，发展经济具有得天独厚的优势。 |
| 11 | 切实可行 | qièshí kěxíng | | 切合实际，并且实实在在可以施行的。<br>◎ 通过深入调研设计出的方案才是切实可行的。 |

## 第2步 问题预览 阅读前请用 1 分钟浏览这些问题

1. 青藏高原经济带的构成是什么？
2. 青藏高原经济带未来产业发展的重点是什么？
3. 青藏高原经济发展最大的优势是什么产业？为什么？
4. 为什么青藏高原被称为“世界屋脊”？
5. “地球之巅”是什么意思？
6. 请举出青藏高原的三个景点。
7. 青藏高原最吸引你的地方是什么？
8. 青藏高原的物产有什么特色？
9. 青藏高原是中国哪些大江大河的发源地？
10. 建设青藏高原经济带的意义是什么？

## 第3步 快速阅读 快速阅读课文，回答第 2 步的问题

### 打造青藏高原经济带

（字数：867　参考时间：5 分钟）

青藏铁路沿线地区最有条件成为青藏高原的重点经济带，其重点是以西宁—格尔木—拉萨—日喀则等高原中小城市为点线，以青藏铁路为载体，形成辐射高原全境的经济带。

青藏高原经济带未来产业发展的重点应该是：特色民族风情旅游业，现代草原畜牧业，生态环保产业（如天然林保护、退耕还林还草、自然保护区建设、围栏畜牧业），优势资源开采业（如天然气、盐湖资源、有色金属开采）等。

青藏高原经济发展最大的优势是旅游业。青藏高原拥有众多世界极品的旅游资源，资源丰富独特，品位极高，对海内外旅游者有着非凡的吸引力，是发展旅游的好地方。这些资源涉及自然、地理、民族、宗教、历史等诸多领域，不仅与国内其他地方相比独具特色和魅力，而且从世界范围看也是举世无双的。例如“世界屋脊”青藏高原，“地球之巅”珠穆朗玛峰，雅鲁藏布江大峡谷，中华水塔三江源，世界海拔最高的咸水湖青海湖，集宗教、艺术、建筑魅力之大成的布达拉宫、扎什伦布寺、塔尔寺，号称亚热带天然植物园的藏东南，与五个国家毗邻的长达 4000 多公里的边境线，多民族异彩纷呈的代表性文化等。

青藏高原自然条件独特，被联合国评为“世界无公害超净区域”之一，拥有发展有机农牧业得天独厚的条件。有机农牧业以质取胜，其产品价格是普通农牧产品的数倍甚至数十倍，这不仅能够提高农牧民的收入，而且有利于保护青藏高原的生态环境。

青藏高原还是长江、黄河和澜沧江等大江大河的发源地，土地、草原辽阔，自然资源丰富，但地势高耸，生态环境极为脆弱。在青藏高原上，有三江源、可可西里、龙保滩等国家级自然保护区，以及天然林保护工程、退牧还草工程等。众多的保护项目也可以成为一个新的经济增长点，催生出环保产业。

青藏高原蕴藏着丰富的矿产资源，尤其是有色金属矿产资源。青藏高原盐湖的硼、锂、铯、钾资源十分丰富。青藏铁路成为西藏、青海资源开发的“快车道”，为青藏高原的资源优势转化为经济优势提供了原动力。青藏高原经济带的建设，将带动西藏、青海两地的矿产资源的开发和加工，使其成为 21 世纪中国可持续发展的矿产资源开发和加工产业基地，并为实现地区协调发展提供了一条切实可行的途径。

## 第4步 仔细阅读 仔细阅读课文，完成下列练习

### 一 结合课文内容理解句中的画线词语

1. 这些资源……从世界范围看也是举世无双的。

2. 有机农牧业以质取胜，其产品价格是普通农牧产品的数倍甚至数十倍。

3. 众多的保护项目也可以成为一个新的经济增长点，催生出环保产业。

### 二 根据课文内容判断正误

(　　) 1. 青藏铁路是青藏高原经济带的载体。

(　　) 2. 青藏高原经济带未来产业发展的重点应该从三个方面考虑。

(　　) 3. 青藏高原有着大量的旅游资源，因此适合发展旅游产业。

(　　) 4. 青藏高原是世界上最高的地方。

(　　) 5. 青藏高原有深厚的文化底蕴。

(　　) 6.“世界无公害超净区域”只有青藏高原。

(　　) 7. 青藏高原有利于发展环保产业。

(　　) 8. 青藏铁路的开通有利于把青藏高原的资源优势转化为经济优势。

## 三 选择合适的词语填空

经济　条件　载体　重点

1. 青藏铁路沿线地区最有______成为青藏高原的重点经济带，其______是以西宁—格尔木—拉萨—日喀则等高原中小城市为点线，以青藏铁路为______，形成辐射高原全境的______带。

条件　独特　有利于　价格

2. 青藏高原自然条件______，被联合国评为“世界无公害超净区域”之一，拥有发展有机农牧业得天独厚的______。有机农牧业以质取胜，其产品______是普通农牧产品的数倍甚至数十倍，这不仅能够提高农牧民的收入，而且______保护青藏高原的生态环境。

丰富　提供　资源　途径

3. 青藏高原蕴藏着丰富的矿产______，尤其是有色金属矿产资源。青藏高原盐湖的硼、锂、铯、钾资源十分______。青藏铁路成为西藏、青海资源开发的“快车道”，为青藏高原的资源优势转化为经济优势______了原动力。青藏高原经济带的建设，将带动西藏、青海两地的矿产资源的开发和加工，使其成为21世纪中国可持续发展的矿产资源开发和加工产业基地，并为实现地区协调发展提供了一条切实可行的______。

## 四 根据课文内容填空（每空填一个汉字）

青藏铁路的建成，对推______中国西部经济的发展必将产生重要影响。它可以使西藏与内地的联系更加紧密，让西藏的畜牧业、旅游业、生态环保产业产生更大效______，为青藏高原的资源优势转化为经济优______提供原动力，使青藏经济的发展之______越走越宽。

青藏高原的旅游资源不仅与国内其他地方相比独具特色和魅力，而且从世界范围看也是举世无______的。

# 第5步 深入理解　深入理解课文，完成下列练习

## 五 概括课文第3段的主题

## 六 讨论

谈谈修建青藏铁路的意义。

## 注释

### 1. 集……之大成

集中体现某类事物各个方面的成就。例如：

（1）布达拉宫集宗教、艺术、建筑魅力之大成。

（2）他的著作是集儒家思想之大成的力作。

### 2. A 转化为 B

表示一种变化，A 变成 B。例如：

（1）青藏铁路成为西藏、青海资源开发的“快车道”，为青藏高原的资源优势转化为经济优势提供了原动力。

（2）我们要正确分析形势，努力把危机转化为机遇。

# 3 区域协调发展取得明显成效

## 第1步 问题预览 阅读前请用 1 分钟浏览这些问题

1. 区域发展总体战略的实施对中国欠发达地区的发展产生了什么影响？
2. 目前中国形成的快速发展的重点地区被称做什么？特点是什么？
3. 中国推动区域快速发展的重点地区有哪些？
4. 中西部地区在中国区域发展中占有什么地位？
5. 中国区域合作正在向什么阶段转变？
6. 中国区域合作的领域和重点都有哪些方面？
7. 中国将围绕哪几方面重点任务，加快推进区域发展总体战略的实施？
8. 实施东北地区振兴规划，具体目标是什么？
9. 东北地区的重要地位体现在哪里？
10. 请分别用一句话概括中国加快推进区域发展总体战略实施的重点任务。

## 第2步 快速阅读 快速阅读课文，回答第 1 步的问题

### 区域协调发展取得明显成效

（字数：975　参考时间：6 分钟）

随着区域发展总体战略的实施，近年来，中国欠发达地区的基础条件，包括基础设施状况、投融资环境、体制政策环境等都有明显改善。欠发达地区发展活力竞相迸发，发展思路更加清晰，自我发展能力明显增强。

全国还形成了一批发展活力较强、经济聚集能力突出的重点地区，成为推动区域快速发展的新的增长极。除长三角、珠三角和京津冀三大都市圈继续发挥经济的引擎作用外，中西部地区也制定了促进重点地区加快发展的政策措施，这些蓄势待发重点地区的开发开放，正成为中国区域发展中新的活跃力量。

目前全国已建立了上百个不同规模、不同层次、不同覆盖范围的区域合作组织，这些区域合作组织焕发出前所未有的活力，成为促进区域协调发展的热点和亮点。中国区域合作正在向宽领域、全方位的合作与相互开放阶段转变，合作的领域和重点拓展到发展战略对接、产业整体布局、贸易行动协调、跨区域基础设施共同规划与建设，乃至地区经济社会政策的相互协调等诸多方面。

中国将围绕下列重点任务，加快推进区域发展总体战略的实施，进一步推动形成东、中、西良性互动、优势互补、基本公共服务趋向均等化的区域发展格局。

一是全面组织实施西部大开发规划中各项任务。继续加强基础设施建设，加快在建重点基础工程建设，积极推进规划重大项目前期工作，再新开工一批重点项目。

二是组织实施东北地区振兴规划。进一步巩固东北地区作为全国商品粮生产基地的重要地位。加快发展东北地区传统优势产业，促进高新技术产业发展。

三是细化落实促进中部地区崛起的各项政策措施，尽快出台和落实好中部地区有关政策的实施意见。继续加强对中部地区粮食生产的支持力度，大力发展煤炭、电力等优势产业，支持发展先进装备制造业，积极发展高技术产业，加快构建综合交通运输枢纽。

四是出台实施京津冀都市圈和长三角地区区域规划。积极支持东部地区率先发展，提升东部经济国际竞争力。

五是加大对民族地区和边疆地区发展的支持。在有条件开发的地区，合理有序开发利用优势资源。在生态环境恶劣的地方，继续实施重大生态建设工程，稳步推进生态移民搬迁。努力提高人口素质。

六是健全市场机制，积极转变政府职能，着力打破行政界限和市场分割，继续完善资金、技术、人力等要素自由流动的机制，合理引导国内外投资和产业布局。

七是按照走中国特色城镇化道路的要求，落实统筹城乡、布局合理、节约土地的原则，促进大中小城市和小城镇协调发展。

## 第3步　仔细阅读　仔细阅读课文，完成下列练习

### 一　查词典解释词语

1. 竞相迸发

2. 蓄势待发

3. 对接

4. 出台

## 二 根据课文内容判断正误

(　　) 1. 近年来中国欠发达地区的基础条件有了明显好转。
(　　) 2. 目前中国已经形成了长三角、珠三角和京津冀三大都市圈。
(　　) 3. 目前中国已建立了数百个区域合作组织。
(　　) 4. 中国区域合作正在向宽领域、全方位的合作与相互开放阶段转变。
(　　) 5. 文中提到了六条关于中国区域发展的战略措施。
(　　) 6. 在西部地区，已经有一些重点基础工程项目正在建设中。
(　　) 7. 中国生态环境恶劣的地方要实施移民政策。
(　　) 8. 中国特色城镇化道路，就是要大中小城市和小城镇协调发展。

## 三 根据课文内容填空（每空填一个汉字）

中国目前已经建立数以百______不同规模、不同层次、不同覆盖范围的区域合作组织，这些区域合作组织焕发出______前的活力，成为促进区域协调发展的热点和亮点。中国区域合作正在向宽领域、全方位的合作与相互开放阶段______变，合作的领域和重点拓展到发展战略对接、产业整体布局、贸易行动协调、跨区域基础设施共同规划与建设，乃______地区经济社会政策的相互协调等诸多方面。

## 第4步 深入理解 深入理解课文，完成下列练习

## 四 谈谈你对区域经济发展的看法。

## 注释

### 乃至

甚至；以及。例如：

（1）中国区域合作正在向宽领域、全方位的合作与相互开放阶段转变，合作的领域和重点拓展到发展战略对接、产业整体布局、贸易行动协调、跨区域基础设施共同规划与建设，乃至地区经济社会政策的相互协调等诸多方面。

（2）环保问题引起了中国政府乃至世界各国政府的重视。

# 4 京津一体化的现实和憧憬

## 第1步 问题预览 阅读前请用1分钟浏览这些问题

1. 京津城际铁路是什么时候开始通车运营的？
2. 京津城际铁路的最高运营时速是多少？
3. 什么是“半小时经济圈”？
4. 京津城际铁路沿途设有哪些车站？
5. 中国还建设了哪些高速铁路线？
6. 为什么说京津两大直辖市“水乳交融”？
7. 现在京津两个城市间往来的最便捷的出行方式是什么？
8. 近年来北京和天津两个城市的定位分别是什么？
9. 由于有了京津城际铁路，北京人和天津人有了什么新的生活打算？
10. 京津城际铁路可以为两个城市居民的生活带来什么方便？

## 第2步 快速阅读 快速阅读课文，回答第1步的问题

### 京津一体化的现实和憧憬

（字数：1170 参考时间：8分钟）

京津城际铁路于2008年8月1日通车运营。这标志着中国第一条具有世界一流水平、最高运营时速350公里的高速铁路正式通车运营，也标志着京津“半小时经济圈”将会随之逐渐形成。

京津城际铁路全长120公里，北京至天津列车运行时间为30分钟。这是中国第一条自主设计建造、具有国际一流水平的高速城际铁路，汇集了当今世界高速铁路建设的最新科技成果，对加快建设全国综合运输体系具有重大意义，同时还为中国京沪高速铁路等客运专线建设提供了示范和借鉴。

京津城际铁路沿途设北京南、亦庄、武清、天津等 4 座车站，预留永乐站，开行列车为国产 CRH2 型和 CRH3 型动车组列车。采用公交化城际列车和跨线列车混合开行的运输组织模式，列车最小间隔 5 分钟。

京津城铁的建成不仅使北京和天津这两个大城市间形成了“半小时交通圈”，实现了同城化，同时也打开了中国铁路迈向“高速时代”的大门。随后京哈、京沪、陇海、哈大、东南沿海线等一大批高速客运专线也相继建成。

密集的城市轨道交通线，使京津两大直辖市“水乳交融”，搭地铁出发——换乘京津城际快速列车——转地铁到站，这一路线图成为京津间往来的最便捷出行方式。京津城际高铁的开通，有效解决了多年来制约两座城市合作发展的交通矛盾，为京津区域经济合作提供了更广阔的空间。

经济社会学家指出，京津城铁开通运营，正在悄然改变京津市民的生活，跨城生活成为了一种新的生活方式。

快速的京津城铁打造的“半小时交通圈”，让你分不清哪儿是北京哪儿是天津。跨城生活融合了双城的吃喝休闲、文化生活、旅游观光等方方面面的资源。

近年来，京津双城都有了重新定位：首都北京是“国际城市、文化名城、宜居城市”，天津则是“国际港口城市、北方经济中心、生态城市”。同样作为历史文化底蕴深厚的大都市，京津有着各自不同的文化特点，更有着各具特色的丰富旅游资源。京津城铁不但提升了两个城市的交通运输能力，为百姓享受异地文化提供了便捷，更可使两个城市利用文化优势，使文化、休闲旅游等诸多资源实现城市共享。由此，京津两地的百姓对居住、工作、教育、娱乐等方面的选择更加广泛，跨城生活成为现实。

北京房子比天津高出一倍的差价，使越来越多的北京人考虑在津购房，同时由于城铁的高速和零换乘的方便，使那些在北京上班，在天津安家的人甚至比住在北京市里驾车上班还快。同时，交通的发展将会加速人才流动，进而促进经济的发展。

北京和天津两地常住人口共 2500 万人，加上流动人口，超过 3000 万人。从细微的生活方式上看，北京人到天津买房、去塘沽看海，天津人到北京工作、去王府井购物，都会成为老百姓日常生活中十分普遍的事情。从区域经济的协调发展看，京津高铁的建成运营是完成构建京津冀都市圈、城市带的一项基础性工程，它打破了行政壁垒，也提升了京津两地的经济辐射力。

总之，京津“半小时交通圈”的形成不仅加速了京津地区一体化的进程，也促进了环渤海地区经济的快速协调发展。

## 第3步 仔细阅读　仔细阅读课文，完成下列练习

### 一 结合课文内容解释词语

1. 水乳交融

2. 行政壁垒

3. 辐射力

### 二 根据课文内容判断正误

(　　) 1. 京津城际铁路是中国第一条高速铁路。
(　　) 2. 京津城际铁路全长 350 公里。
(　　) 3. 乘坐京津城际列车，从北京至天津时间为 30 分钟。
(　　) 4. 京津城际铁路每间隔 5 分钟就发一趟列车。
(　　) 5. 京津城际铁路的建成使北京和天津两个大城市之间形成了“半小时交通圈”。
(　　) 6. 京津城铁的开通运营，正在慢慢改变京津市民的生活。
(　　) 7. 现在人们已经分不清哪儿是北京哪儿是天津了。
(　　) 8. 未来北京和天津将合并为一个城市。

### 三 讨论

谈谈京津城际铁路通车运营的意义。

## 第4步 深入理解　深入理解课文，完成下列练习

### 四 任务

请在网上查找一下中国高铁的相关信息，然后与同学交流。

## 注释

### 1. 标志着

对某种现象的一种深层次解释。例如：

（1）京津城际铁路于2008年8月1日通车运营。这标志着中国第一条有世界一流水平，最高运营时速350公里的高速铁路正式通车运营，也标志着京津“半小时经济圈”将会随之逐渐形成。

（2）青藏铁路的建成标志着中国高原铁路技术达到世界一流水平。

### 2. 进而

继续向前；更进一步。例如：

（1）交通的发展将会加速人才流动，进而促进经济的发展。

（2）青藏铁路的建成将会推动西部地区经济快速发展，进而有利于区域经济协调发展。

### 3. 从……看

从某一方面来观察、分析。例如：

（1）从细微的生活方式上看，北京人到天津买房、去塘沽看海，天津人到北京工作、去王府井购物，都会成为老百姓日常生活中十分普遍的事情。

（2）从区域协调发展看，青藏铁路的修建具有重要意义。

## 阅读指导

### 记忆词汇的方法之一：逻辑法

汉语词汇量的大小与阅读量有很大关系，反之，词汇量的大小也影响着阅读的兴趣与速度。因此，积累词汇就至关重要。那么有没有记忆汉语词汇的好方法呢？下面的方法就请你试一下。

把学过的词语编一段跟课文主题相关的内容，也就是给课文写一个摘要。这个摘要如果能与你的经历密切相关就更好了。拿第一课来说，我们可以把文中的 15 个词语容纳在下面这段话中，你就可以很容易记住这些生词。

随着全球经济一体化进程的加快，中国也制定了统筹区域发展的战略：东部发展、中部崛起、西部开发、东北振兴，打破区域间的壁垒和市场分割。随着时间的推移，发展战略的推进，各个区域的发展态势良好。

东部率先发展起来，而且发展势头强劲，配套设施逐步完善；崛起的中部成为中国新的经济增长极并且作为节点区域的中部发挥了承东启西的重要作用；西部也拓展了自己的发展空间。中国正在逐步形成区域互动合作发展的新格局。

## 休闲阅读

### 最短的路

很多年前，英国《泰晤士报》曾出过一个题目，公开征求答案。题目是：从伦敦到罗马，最短的道路是什么？

很多人从地理位置上找答案，结果都落选了。只有一个答案获奖，那就是：一个好朋友。

有一个好友相伴，再长的路都嫌短。

# 2

# 丝路篇



**单元导学与任务**

中外贸易海路陆路自古有之，其中最为著名的就是丝绸之路。学习本单元，请完成下面的任务：

1. 说说大湄公河次区域经济合作有哪些内容。
2. 说说“亚欧大陆桥”联通了哪些国家。
3. 查找资料，了解“丝绸之路”得名的原因，并说说中国古代丝绸之路都包括哪些线路。

# 5 通道连接大湄公河次区域

## 第1步 词语热身 阅读前请熟悉这些词语

| | | | | |
|---|---|---|---|---|
| 1 | 遐想 | xiáxiǎng | 名 | 悠远的思索或想象。<br>◎ 美丽的山水让人产生无限的遐想。 |
| 2 | 跋山涉水 | bá shān shè shuǐ | | 形容路程艰难。<br>◎ 一队队马帮跋山涉水，风餐露宿，踏开了中国西南地区与东南亚国家之间的物品交流通道。 |
| 3 | 风餐露宿 | fēng cān lù sù | | 形容旅途艰苦。<br>◎ 他用了三年的时间，风餐露宿，不怕艰苦，终于完成了长城考察任务。 |
| 4 | 便捷 | biànjié | 形 | 直截而方便。<br>◎ 京津城际铁路的开通，使两个城市之间的交通变得十分便捷。 |
| 5 | 结合部 | jiéhébù | 名 | 连接的部位。<br>◎ 在城乡结合部适合发展中小企业。 |
| 6 | 显要 | xiǎnyào | 形 | 地位高而权力大。<br>◎ 青藏铁路线在西部经济发展中占据显要地位。 |
| 7 | 囊括 | nángkuò | 动 | 全部包括。<br>◎ 4 块金牌全部被 A 队囊括。 |
| 8 | 磋商 | cuōshāng | 动 | 商量。<br>◎ 经过反复磋商，他们制定了下一步合作方案。 |
| 9 | 共识 | gòngshí | 名 | 对某一事物的共同看法。<br>◎ 双方经过三轮紧张的谈判，最后终于达成了共识。 |
| 10 | 构想 | gòuxiǎng | 动 / 名 | 形成想法；形成的想法。<br>◎ 早在 10 年前，他就有了一个环游世界的构想。 |
| 11 | 发扬光大 | fāyáng guāngdà | | 发展提倡，使日益盛大。<br>◎ 中华老字号一定会在新时代发扬光大。 |
| 12 | 互补 | hùbǔ | 动 | 互相补足。<br>◎ 两个公司一个技术实力强，一个资金雄厚，双方合作可以实现互补。 |

13 契机 qìjī 名 机会。

◎ 双方的优势互补是合作的良好契机。

14 依托 yītuō 动 依靠。

◎ 一个城市要依托所在的城市圈来发展自己。

## 第 2 步 问题预览 阅读前请用 1 分钟浏览这些问题

1. 南方丝绸之路是指哪一段路？
2. 中国第一条国际铁路是哪一条？
3. 从 20 世纪 90 年代初开始，中国与东南亚各国之间建立的交通项目有哪些？
4. 澜沧江—湄公河流域处于哪几个地方的结合部？
5. 澜沧江—湄公河次区域在地理上的重要性是什么？
6. 近些年来，这一地区的发展成就有哪些？
7. 为什么说 GMS 囊括了东南亚近半数国家和大部分区域？
8. 理解“要想富，先修路”这句话的意思。
9. 简要介绍“三纵两横”陆上通道和澜沧江—湄公河水路通道项目。
10. 请用简单的话概括一下澜沧江—湄公河便捷联系通道建成的意义。

## 第 3 步 快速阅读 快速阅读课文，回答第 2 步的问题

### 通道连接大湄公河次区域

（字数：1150　参考时间：7 分钟）

2000 多年前的“南方丝绸之路”给人无尽遐想：一队队马帮跋山涉水，风餐露宿，踏开了中国西南地区与东南亚国家之间的物品交流通道。

20 世纪初，中国昆明至越南河内的米轨铁路[①] 建成，这成为中国第一条国际铁路。20 世纪 90 年代初开始，在中国与东南亚国家友好关系日渐加强的背景下，在各国政府、国际

① 米轨铁路：在中越边境上的一条铁路线，两条铁轨之间的宽度只有一米，所以称为米轨铁路。

组织的大力推进下，中国与东南亚各国之间的交通项目渐次展开，建立了包括铁路、公路、水运和航空在内的便捷联系通道，为彼此间更为紧密的联系提供了基础平台和想象空间。

发源于青藏高原的澜沧江—湄公河，由云南勐（měng）腊县出境后，流经缅甸、老挝、泰国、柬埔寨、越南，最后汇入南海。在中国境内称澜沧江，出境后称湄公河，是亚洲著名的国际性河流。澜沧江—湄公河流域处于东南亚、南亚和中国大西南的结合部，被国际上称为澜沧江—湄公河次区域，是连接东盟和中国大西南两大市场的桥梁和走廊，具有十分显要的地理区位优势。

近些年来，这一合作不断发展，形成了大湄公河次区域经济合作、湄公河流域可持续发展合作、东盟湄公河流域开发合作和“黄金四角”地区经济开发合作机制。其中最重要的国际合作开发机制——大湄公河次区域经济合作（简称 GMS），亚洲开发银行为发起方和资助方，中国、老挝、缅甸、泰国、越南、柬埔寨参加，囊括了东南亚近半数国家和大部分区域。

在推进合作和对话磋商中，“要想富，先修路”逐渐成为有关国家的共识，形成了建设“三纵两横”陆上通道和澜沧江—湄公河水路通道项目。截至目前，在大湄公河次区域经济合作提出优化的 100 个建设项目中，有 34 个属于交通项目。“三纵”为昆明—曼德勒—仰光、昆明—会晒—曼谷、昆明—河内—胡志明市。其中“两横”项目为东南亚国家间的联系通道，“三纵”项目和水路项目均为中国与东南亚各国的联系通道。

澜沧江—湄公河次区域经济合作确定的一系列交通项目的顺利推进，使构想中的国际大通道正在成为现实。这是中国与东南亚各国人民传统友谊发扬光大的结果，是中国和东南亚各国人民面向未来建设美好生活的努力。

便捷联系通道的建立沟通了中国和东南亚两大市场，深化了中国与东南亚、南亚各国在政治、经济和文化方面的交往和合作。有着 13 亿人口的中国和有着 5 亿人口的东盟实现便捷沟通后，有利于形成资金、技术、人才、劳动力、信息、商品等生产要素的合理流动和有效的区域经济互补，在更大范围内参与国际经济大循环，为国内、国际之间物流、人流、信息流的沟通创造良好的条件。

大通道形成了经济圈和经济走廊，为沿途各国加快发展提供了契机。以大通道为依托，云南与老挝、泰国、越南分别建立了“云南—老北”、“云南—泰北”、“滇越五省市经济协商会”等合作新机制，在资源开发、农业合作、投资贸易方面形成了新机制。澜沧江—湄公河次区域经济合作国家适时提出了联合开发旅游业的计划。

一个立体的、互补性强的“新南方丝绸之路”正在悄然形成。

## 第4步 仔细阅读　仔细阅读课文，完成下列练习

### 一 结合课文内容解释词语

1. 日渐

2. 渐次

3. 资助方

### 二 根据课文内容判断正误

(　　) 1. 课文谈的是南方丝绸之路。
(　　) 2. 从上个世纪 90 年代初开始，中国与东南亚国家之间的关系越来越友好。
(　　) 3. 青藏高原是澜沧江—湄公河的发源地。
(　　) 4. 澜沧江和湄公河是一条江水。
(　　) 5. 亚洲开发银行为大湄公河次区域经济合作的发起方和资助方。
(　　) 6. 中国与东南亚各国之间的国际大通道已经成为现实。
(　　) 7. 澜沧江—湄公河次区域经济合作国家将要联合开发旅游业。
(　　) 8. 新南方丝绸之路具有立体化、互补性强的特点。

### 三 选择合适的词语填空

开发　　囊括　　形成

1. 近些年来，这一合作不断发展，______了大湄公河次区域经济合作、湄公河流域可持续发展合作、东盟湄公河流域______合作和“黄金四角”地区经济开发合作机制。其中最重要的国际合作机制——大湄公河次区域经济合作（简称 GMS），亚洲开发银行为发起方和资助方，中国、老挝、缅甸、泰国、越南、柬埔寨参加，______了东南亚近半数国家和大部分区域。

提出　　联系　　共识

2. 在推进合作和对话磋商中，“要想富，先修路”逐渐成为有关国家的______，形成了建设“三纵两横”陆上通道和澜沧江—湄公河水路通道项目。截至目前，在大湄公河次区域经济合作______优化的 100 个建设项目中，有 34 个属于交通项目。“三纵”为昆明—曼德勒—仰光、昆明—会晒—曼谷、昆明—河内—胡志明市。其中“两横”项目为东南亚国家间的______通道，“三纵”项目和水路项目均为中国与东南亚各国的联系通道。

## 四 根据课文内容填空（每空填一个汉字）

丝绸之路留给后人无尽美妙的遐想，让人感受着千百年来中外交流的和谐音乐。而今的中外交流更加便______，交往更加频繁，世界各国之间的距离更加缩短，这为各国经济的融合、互______带来了更大的发展空间。依______交通的便利条件，发展区域经济，建设一体化经济的构______正在成为现实。

## 第5步 深入理解 深入理解课文，完成下列练习

## 五 总结这篇课文的主要意思

## 六 讨论

澜沧江—湄公河次区域经济合作有什么意义？

# 注释

### 1. 在……下

说明某种条件，为后文做好铺垫。例如：

（1）20世纪90年代初开始，在中国与东南亚国家友好关系日渐加强的背景下，在各国政府、国际组织的大力推进下，中国与东南亚各国之间的交通项目渐次展开。

（2）在双方的共同努力下，问题得到初步解决。

### 2. 在……中

表示一个过程，为后文提供背景。例如：

（1）在推动合作和对话磋商中，“要想富，先修路”逐渐成为有关国家的共识。

（2）在全球经济一体化的进程中，各国都加快了对外开放的步伐。

# 6 构想“南亚大陆桥”

## 第1步 词语热身 阅读前请熟悉这些词语

| | | | | |
|---|---|---|---|---|
| 1 | 机遇 | jīyù | 名 | 时机、机会。多指有利的。<br>◎ 我们要抓住机遇，发展生产，搞好经济建设。 |
| 2 | 构建 | gòujiàn | 动 | 建立（多用于抽象事物）。<br>◎ 中国正在构建一个和谐社会。 |
| 3 | 奠定 | diàndìng | 动 | 使稳固、安定。<br>◎ 几十年的改革开放，已经为中国经济的发展奠定了坚实的基础。 |
| 4 | 构筑 | gòuzhù | 动 | 建造、修筑。<br>◎ 他们为品牌保护构筑起了牢固的防御体系。 |
| 5 | 联运 | liányùn | 动 | 联合运输。<br>◎ 联运公司 / 客货联运 |
| 6 | 依存 | yīcún | 动 | 互相依附而存在。<br>◎ 两个公司经营同一种产品，他们之间既互相竞争，又互相依存。 |
| 7 | 配置 | pèizhì | 动 | 配备布置。<br>◎ 资源配置 / 资金配置 |
| 8 | 开拓 | kāituò | 动 | 开辟、扩展。<br>◎ 只有敢于走出去，大胆开拓国际市场，才有更大的发展前景。 |
| 9 | 大陆桥 | dàlùqiáo | 名 | 沟通两地的通道。<br>◎ 在太平洋与印度洋之间架设起大陆桥，就可以连接起东亚与南亚两大市场。 |
| 10 | 运距 | yùnjù | 名 | 运输的距离。<br>◎ 隧道打通，铁路通车后，大大缩短了两地的运距。 |
| 11 | 庞大 | pángdà | 形 | 非常大。<br>◎ 庞大的机构 / 庞大的身躯 / 组织庞大 / 机构庞大 |
| 12 | 双赢 | shuāngyíng | 动 | 双方都获得好处。<br>◎ 我们的谈判目标是双赢。 |

## 第2步 问题预览 阅读前请用1分钟浏览这些问题

1. 青藏铁路的通车有什么作用？
2. “南亚大陆桥”是指什么？
3. 为什么说“南亚大陆桥”极具战略价值？
4. “南亚大陆桥”的起止点分别是哪些地方？
5. 经济全球化的结果是什么？
6. 应该如何应对经济全球化？
7. 为什么说“全球化减少了各国经济之间的障碍，加强了彼此间的互动关系”？
8. “两翼双飞”中的“两翼”分别指什么？
9. “南亚大陆桥”将会给运输带来什么便利？其意义是什么？
10. 架设“南亚大陆桥”对中国、印度、尼泊尔三国有什么好处？

## 第3步 快速阅读 快速阅读课文，回答第2步的问题

### 构想南亚大陆桥

（字数：925　参考时间：6分钟）

青藏铁路的建成通车，为青藏高原的开发提供了难得的发展机遇，也为“南亚大陆桥”的构建奠定了现实基础。“南亚大陆桥”极具战略价值，不仅有利于构筑和完善中国铁路南北、东西大通道，打通西南、西北出海口，而且对加快西部大开发和中国经济可持续增长将产生重大战略影响。

青藏铁路通车，经过青藏高原连通印度，架设“南亚大陆桥”就成为现实选择。“南亚大陆桥”是指连接太平洋与印度洋之间的陆上铁路通道。它东起上海（连云港、青岛、天津）、西安、兰州、西宁、拉萨、日喀则、樟木（中尼口岸），经塔托巴尼（尼中口岸）、加德满都、比尔根杰（尼印口岸），到达印度的巴特那、新德里、孟买或卡拉奇（巴基斯坦），实现中国与印度和巴基斯坦铁路联运。南亚大陆桥的建设将形成中国连接南亚的战略通道，沟通南亚大市场。

经济全球化使得各国和各地区经济相互依存，并在更大的经济规模和地理范围上配置资源、开拓市场，从而实现了相互间的优势互补；全球化减少了各国经济之间的障碍，加强

了彼此间的互动关系。为更好地应对全球化，就要搞好通江达海，连接周边、沟通世界各地的国际大通道，形成物流和贸易大通道，促进通道沿线区域经济发展，并辐射和带动整个国民经济和贸易经济发展。因此，架设太平洋与印度洋之间的大陆桥，连接东亚与南亚两大市场，既是经济全球化的必然要求，也是中国经济融入全球化浪潮的一种战略选择。

“南亚大陆桥”如果建成，将是中国通往南亚次大陆最有力的铁路运输线路。改革开放后，中国的对外开放主要是面向太平洋，经过 20 多年，选择及时启动向印度洋的开放，才能形成更完善的“两翼双飞”的开放格局。目前中印贸易进出口货物大多数经印度洋绕过马六甲海峡抵中国东部沿海，运距长达 5000 多公里，而通过“南亚大陆桥”运输，其时间与运距、成本都可以减少一半以上。因此，实现铁路联运不仅有利于扩大中印两个经济增长最快的人口大国的贸易往来，而且可以大大缩短中国与中亚、西亚和北非的距离。

架设“南亚大陆桥”，符合中国、印度、尼泊尔三国的战略利益。对印度来说，可以通过中国这样庞大的市场来扩大对外贸易，这是一个双赢的选择；从尼泊尔来看，则更具有促进国内经济发展及拓展国外市场的双重价值。

青藏铁路是民族团结之路，是经济发展之路，是国际合作之路。

## 第 4 步 仔细阅读　仔细阅读课文，完成下列练习

### 一　结合课文内容解释词语

1. 优势互补

2. 通江达海

3. 两翼双飞

### 二　根据课文内容判断正误

(　　) 1. 青藏铁路有利于构筑和完善中国铁路南北、东西大通道，打通西南、西北出海口，而且对加快西部大开发和中国经济可持续增长将产生重大战略影响。

(　　) 2. “南亚大陆桥”已经建成。

(　　) 3.“南亚大陆桥”是一座铁路桥。
(　　) 4. 改革开放后中国的对外开放主要是面向印度洋。
(　　) 5. 通过“南亚大陆桥”运输，在时间、距离、成本上都可以减少一半以上。
(　　) 6. 中国和印度两国的共同特点是经济增长快、人口多。

## 三 选择合适的词语填空

因此　　从而　　既是　　也是

经济全球化使得各国和各地区经济相互依存，并在更大的经济规模和地理范围上配置资源、开拓市场，______实现了相互间的优势互补；全球化减少了各国经济之间的障碍，加强了彼此间的互动关系。为更好地应对全球化，就要搞好通江达海，连接周边、沟通世界各地的国际大通道，形成物流和贸易大通道，促进通道沿线区域经济发展，并辐射和带动整个国民经济和贸易经济发展。______，架设太平洋与印度洋之间的大陆桥，连接东亚与南亚两大市场，______经济全球化的必然要求，______中国经济融入全球化浪潮的一种战略选择。

## 四 根据课文内容填空（每空填一个汉字）

青藏铁路的通车，使青藏高原有了更多的发展机______，为南亚大陆桥的______成打下了基础，也为中国______通南亚市场作好了准备。中国改革开放以后主要的发展目______是太平洋，如果开放了印度洋，就可以形成两翼双飞的新格______。实现铁路联通，______可以扩大中印两国贸易往来，______可以缩短中国和中亚、西亚、北非的运______。构建南亚大陆桥，对中印双方是双______的选择。

# 第5步 深入理解　深入理解课文，完成下列练习

## 五 列出课文第4段的逻辑顺序

## 六 讨论

为什么说“青藏铁路是民族团结之路，是经济发展之路，是国际合作之路”？

## 注释

### 1. 从而

连词，表示结果或目的，用于后一小句开头。用于书面语。例如：

（1）经济全球化使得各国和各地区经济相互依存，并在更大的经济规模和地理范围上配置资源、开拓市场，从而实现了相互间的优势互补。

（2）秋冬季节因天气转凉，容易造成人体热量吸收过度，从而导致肥胖。

### 2. ……之路，……之路，……之路

这是一个排比句式，其中的“路”，一般用于抽象意义，即实现某一目标的途径。例如：

（1）青藏铁路是民族团结之路，是经济发展之路，是国际合作之路。

（2）改革开放是中国复兴之路，是和平发展之路，是人民走向富裕之路。

# 7 古代丝绸之路

## 第1步 问题预览 阅读前请用1分钟浏览这些问题

1.“丝绸之路”是什么时候开通的？

2. 为什么说“丝绸之路是个形象而且贴切的名字”？

3. 丝绸之路上有哪些东西吸引着一代又一代的人去探索、发掘？

4. 东西方出土的哪些考古资料揭示了自先秦时期东西方交往的存在？

5. 为什么东西方出土的文物中有很多相似之处？

6. 文中列举了丝绸之路传递的哪些商品？

7. 从广义上讲，丝绸之路的意义是什么？

8. 丝绸之路在世界文化交流中有什么作用？

9. 举世闻名的敦煌、神秘的楼兰古国有什么寓意？

10. 你认为“丝绸之路”这个名字怎么样？

## 第2步 快速阅读 快速阅读课文，回答第1步的问题

### 古代丝绸之路

（字数：1055 参考时间：6分钟）

今天，如果我们从中国乘飞机西行，无论是去西亚、印度，还是欧洲，都最多不过二十多个小时。然而，在遥远的古代，不论是走陆路，还是走海路，都要花费不知多少倍的时间，也不知要克服多少艰难险阻。为了与外界交流，中国人的祖先早在距今两千多年前的西汉时期，就开通了连接东西方文明的通道，这就是著名的“丝绸之路”。

丝绸之路是个形象而且贴切的名字。在古代，中国是最早开始种桑、养蚕、生产丝织品的国家。近年中国各地的考古发现表明，自商、周至战国时期，丝绸的生产技术已经发展到相当高的水平。中国的丝织品迄今仍是中国奉献给世界人民的最重要产品之一。“丝绸之

路”流传广远，承载着古代中国人民对世界文明的种种贡献。因此，多少年来，有不少研究者想给这条道路起另外一个名字，如“玉之路”、“宝石之路”、“佛教之路”、“陶瓷之路”等等，但是都只能反映丝绸之路的某个局部，终究不能取代“丝绸之路”这个充满诗意又有气魄的名字。

古老的丝绸之路连接着世界的东方与西方，孕育了许多光辉灿烂的古代文明。这里有令后世惊叹的东西方艺术珍宝，凝集了古代劳动人民智慧的发明创造和异彩纷呈的古文字，给后世留下了一个个难解的谜团，吸引着一代又一代的人去探索，去发掘。

东西方出土的考古资料，揭示了自先秦时期东西方交往的存在。如辽宁喀左蒙古族自治县东山嘴发现的新石器时代的陶质裸体女神像，即西方考古学所谓的“维纳斯女神像”，与中欧、南俄及西伯利亚地区出土的同形女神像十分相像。河南安阳殷墟妇好墓出土的商代和田玉，俄罗斯阿尔泰山西麓巴泽雷克（Pazyryk）大墓发现的公元前五世纪至前四世纪的中国铜镜和丝织品，表明在相当长的一段时间里，北方和西北方的游牧民族扮演着东西方文化交往的主角。

一个世纪又一个世纪，是丝绸之路把中国和印度、希腊、古罗马、波斯文化联结起来，把古老中国发明的丝绸、火药、造纸术、印刷术传到西方，又是这条古道把古代西方的黄瓜、胡萝卜、芍药、石榴、核桃等传入中国。

丝绸之路，也是古代中国与外部及西方往来通道的通称。它随着历史长河的流淌而变化万千。它不是今天公路贯通的概念，实际上，也不是只有一条固定的道路。从广义上讲，它是指古代中国丝绸输入西方的通道，也是中西方古代文化交流、物资贸易互动的一条时间跨度久远、空间跨度宽大的线路。

丝绸之路犹如一条彩带，将古代亚洲、欧洲、非洲的古文明联系在了一起，促进了东西方文明的交流。在延绵的丝绸之路古道上，遗留下大量的文明古迹，举世闻名的敦煌，神秘的楼兰古国，静静地矗立在古老的丝绸之路上，传达给人们的却是超越国界和民族差异的精神。

## 第3步 仔细阅读 仔细阅读课文，完成下列练习

### 一 结合课文内容解释词语

1. 凝集

2. 发掘

3. 主角

### 二 根据课文内容选择正确答案

1. 现在我们乘飞机去西亚、印度或者欧洲，最多不超过多少个小时？
   A. 10　　B. 20　　C. 30

2. 丝绸之路开通于中国的什么时期？
   A. 先秦时期　　B. 西汉时期　　C. 唐宋时期

3. 丝绸之路将哪几个国家的文化联结了起来？
   A. 中国和印度、希腊、古罗马、波斯
   B. 中国和俄罗斯、希腊、古罗马、波斯
   C. 中国和印度、希腊、古罗马、蒙古

4. 课文所列的由丝绸之路传入中国的植物，以下哪项没涉及？
   A. 芍药　　B. 胡萝卜　　C. 土豆

### 三 根据课文内容判断正误

（　　）1. 因为中国从古代起就盛产丝绸，而且流传到海外，所以就有了“丝绸之路”这个名字。

（　　）2. 丝绸之路在历史上曾经有过很多名字。

（　　）3. 在辽宁喀左考古发现的“维纳斯女神像”，说明了丝绸之路的存在。

（　　）4. 从考古发现可以看出，东西方交往从汉代就有了。

（　　）5. 丝绸之路就是传递丝绸的道路。

（　　）6. 丝绸之路是一条中国丝绸输入西方的固定线路。

## 第4步 深入理解 深入理解课文，完成下列练习

### 四 讨论

怎样理解“丝绸之路犹如一条彩带，将古代亚洲、欧洲、非洲的古文明联系在了一起，促进了东西方文明的交流”？

## 注释

### 1. 无论……还是……都……

这是一个条件复句，表示一种无条件的选择，即所有的都包括。例如：

（1）今天，如果我们从中国乘飞机西行，无论是去西亚、印度，还是欧洲，都最多不过二十多个小时。

（2）无论是中国人，还是外国人，都很关注这个问题。

### 2. 在相当长的一段时间里

表示在较长时间里，下文常说明某种状况一直存在。例如：

（1）在相当长的一段时间里，北方和西北方的游牧民族扮演着东西方文化交往的主角。

（2）那次交通事故之后，在相当长的一段时间里，他都不敢开车。

### 3. 从……上讲

从某一方面来看待、分析某事物。例如：

（1）从广义上讲，它是指古代中国丝绸输入西方的通道。

（2）文化，从某种意义上讲，指人类创造的一切物质和精神成果。

### 4. 犹如

好像。用于书面语。例如：

（1）丝绸之路犹如一条彩带，将古代亚洲、欧洲、非洲的古文明联系在了一起，促进了东西方文明的交流。

（2）长城犹如一条巨龙横卧在中国的大地上。

# 8 海上丝绸之路

## 第1步 问题预览 阅读前请用1分钟浏览这些问题

1. 中国丝绸是从什么时候分海、陆两路向外传播的?
2. 为什么海上丝绸之路又称为南海丝绸之路?
3. 海上丝绸之路的历史分为几个阶段?各个阶段有什么特点?
4. 简单说说海上丝绸之路发展的情况。
5. 说说中国航海家郑和七次率船队远航的经历。
6. 海上丝绸之路除了向外传布丝绸和瓷器以外,还传布了什么?意义是什么?
7. 海上丝绸之路以什么为开端?
8. 海上丝绸之路联通了哪些国家?
9. 海上丝绸之路的意义是什么?
10. 你认为海上丝绸之路有什么作用?

## 第2步 快速阅读 快速阅读课文,回答第1步的问题

### 海上丝绸之路

(字数:845 参考时间:5分钟)

中国丝绸誉满天下,早在公元前就分海、陆两路向外传播。

海上丝绸之路是古代中国与外国交通贸易和文化交往的海上通道,该路主要以南海为中心,起点主要是广州,所以又称南海丝绸之路。海上丝绸之路形成于秦汉时期,发展于三国隋朝时期,繁荣于唐宋时期,转变于明清时期,是已知最为古老的海上航线。

海上丝绸之路开辟后,在隋唐以前,它只是陆上丝绸之路的一种补充形式。但到隋唐时期,由于西域战火不断,陆上丝绸之路被战争所阻断,代之而兴的便是海上丝绸之路。到唐宋时期,伴随着中国造船、航海技术的发展,中国通往东南亚、马六甲海峡、印度洋、红海

以及非洲大陆航路的纷纷开通与延伸，海上丝绸之路终于替代了陆上丝绸之路，成为中国对外交往的主要通道。

中国伟大的航海家郑和从 1405 年至 1433 年曾先后七次率船队远航，经历了三十余个国家，最远达非洲东岸。他每到一地都以中国的丝绸和瓷器换取当地的特产或馈赠当地的国王。

海上丝绸之路远远不止于向外传布丝绸和瓷器，它还把中国古代的发明创造，如指南针、火药、造纸术和活字印刷术、瓷器、医学、中草药等传布到世界各地。同时也把外国的特产（如珍珠、宝石、象牙、犀角、香料）、矿产（如金、银、铜）、动植物和经济作物等新品种传入中国。这种发明创造和生产技术的互相交流，促进了人类历史的前进和社会生产力的发展。

海上丝绸之路虽以丝绸贸易为开端，但其意义却远远超过丝绸贸易的范围。它把世界各地的文明古国，如希腊、罗马、埃及、波斯、印度和中国联系在一起，又把世界文化的发源地，如埃及、两河流域、印度、美洲印加和中国等连接在一起，这样就形成了一条连接亚、非、欧、美的海上大动脉。海上丝绸之路使这些古代文明经过海上大动脉的互相交流而放出了异彩，对世界各国的文化发展产生了巨大的影响。

中国丝绸通过海路外传，最初只是在经济上互通有无，作为商品交换；后来突破了经济范围，发展为与政治、外交、文化、艺术乃至人民生活都密切相关的交流形式，并且产生了深远的影响。因此，海上丝绸之路同陆上丝绸之路一样，是对人类进步和世界文明的伟大贡献。

## 第3步 仔细阅读　仔细阅读课文，完成下列练习

### 一 结合课文内容解释词语

1. 誉满天下

2. 互通有无

3. 大动脉

### 二 根据课文内容判断正误

(　　) 1. 中国丝绸在古代分海、陆两路向外传播。

(　　) 2. 海上丝绸之路是已知最古老的海上航线。

（　）3. 中国伟大的航海家郑和曾先后七次率船队远航，经历了三十余个国家，最远达欧洲东岸。

（　）4. 海上丝绸之路让中外互通有无。

（　）5. 海上丝绸之路把世界各地的文明古国和世界文化发展连接在一起，形成了一条连接亚、非、欧、美的海上大动脉。

（　）6. 中国丝绸通过海路外传仅仅是商品交换。

（　）7. 海上丝绸之路对中国的政治、外交、文化、艺术以及人民生活都产生了深远的影响。

（　）8. 海上丝绸之路同陆上丝绸之路一样，是对人类进步和世界文明的伟大贡献。

### 三 概括这篇课文的中心

## 第4步 深入理解 深入理解课文，完成下列练习

### 四 讨论

谈谈你对“海上丝绸之路”的了解。

## 注释

### 1. 形成于……，发展于……，繁荣于……，转变于……

用于描述一个事物的成长、变化过程。例如：

（1）海上丝绸之路形成于秦汉时期，发展于三国隋朝时期，繁荣于唐宋时期，转变于明清时期。

（2）诗歌形成于先秦时期，发展于两汉时期，繁荣于隋唐时期，转变于明清时期。

### 2. 远远不止……，还……

用来表示递进，进一步说明程度大或数量多。例如：

（1）海上丝绸之路远远不止于向外传布丝绸和瓷器，它还把中国古代的发明创造，如指南针、火药、造纸术和活字印刷术、瓷器、医学、中草药等传布到世界各地。

（2）吸烟的危害远远不止是损害自己的身体，还影响他人的健康。

## 阅读指导

### 记忆词汇的方法之二：看图想象法

这个方法主要适用于那些与地理位置有关系的文章。例如，本单元的第 5 课《通道连接大湄公河区域》，我们可以在图片中畅想学过的词汇。

请上网搜索湄公河区域地图，根据地图进行想象记忆。

看着地图，我们会想到：湄公河次区域处于东南亚、南亚和中国西南的结合部，处在一个显要的位置，是沟通中国和南亚各国的大通道，近年来，形成了区域经济合作的新格局。……我们可以一边看一边想一边记，这样就把相关的一些词语记住了。

## 休闲阅读

### 拐弯处的发现

列车行驶在一片荒无人烟的山野中，人们一个个百无聊赖地望着窗外。突然，前面遇到一个拐弯处，火车减速，一座简陋的平房缓缓地进入视野，几乎所有乘客都睁大眼睛“欣赏”起寂寞旅途中这特别的风景，有的乘客开始窃窃议论起这座房子。一位年轻人的心为之一动。返回时，他特意在火车经过的那个小镇下了车，不辞劳苦地找到了那座房子。房子的主人告诉他，每天，火车都要从门前“隆隆”驶过，噪音实在使他们受不了，房主很想以低价卖掉房屋，但多年来一直无人问津。

不久，年轻人用 3 万元买下了那座平房。很快，他开始和一些大公司联系，推荐房屋正面这一极好的“广告墙”。后来，可口可乐公司看中了这个广告媒体，在三年租期内，支付年轻人 18 万元租金。

# 3 创业篇



**单元导学与任务**

创业是年轻人的志向，成功是每个人的梦想。学习本单元，请完成下面的任务：

1. 与同学一起讨论：创业的基本条件是什么？
2. 选择一个创业的故事，用中文讲给同学听。
3. 尝试和同学或朋友一起策划一个创业方案。

# 9 QQ之父马化腾的创富传奇（一）

## 第1步 词语热身 阅读前请熟悉这些词语

| | | | | |
|---|---|---|---|---|
| 1 | 打动 | dǎdòng | 动 | 用语言或行为使人感动。<br>◎ 他真诚的道歉打动了在场的所有人。 |
| 2 | 榜上有名 | bǎng shàng yǒu míng | | 名字被列在公布的优胜者名单上。<br>◎ 他们公司在年度500强的评选中榜上有名。 |
| 3 | 签署 | qiānshǔ | 动 | 在重要文件上正式签字。<br>◎ 签署协议 / 签署合同 / 签署协定 / 签署条约 / 签署文件 |
| 4 | 主宰 | zhǔzǎi | 动 | 支配；统治；掌握。<br>◎ 一个人的命运应该由自己主宰。 |
| 5 | 刮目相看 | guā mù xiāng kàn | | （因对方的发展变化很大）用另一种眼光看待。<br>◎ 才毕业几年他就有了这么大的事业，真要对他刮目相看了。 |
| 6 | 克星 | kèxīng | 名 | 迷信的人用金木水火土五行相生相克的道理推论，认为有些人的命运是相互制约、抑制的，把相克的人叫做克星。也用来比喻对某事物有抑制作用的另一事物。<br>◎ 人们说，他是电脑病毒的克星，只要有他在，病毒就无法存在。 |
| 7 | 恶作剧 | èzuòjù | 名 | 捉弄人而使人难堪的行为。<br>◎ 孩子的恶作剧让大人无可奈何。 |
| 8 | 哭笑不得 | kū xiào bù dé | | 形容处境尴尬，不知如何是好。<br>◎ 小孩子有时说的话真让大人哭笑不得。 |
| 9 | 界面 | jièmiàn | 名 | 物体与物体之间的接触面。现在为电脑用语，指呈现在用户面前的显示器屏幕上的图形状态。<br>◎ 界面面积 / 电脑界面 / 英文界面 |
| 10 | 积蓄 | jīxù | 名 | 积攒的钱财。<br>◎ 他把毕生积蓄都捐献给了慈善机构。 |
| 11 | 无暇顾及 | wúxiá gùjí | | 没有时间关照到。<br>◎ 他每天忙于工作，根本无暇顾及家庭和孩子。 |

## 第2步 问题预览　阅读前请用1分钟浏览这些问题

1. 马化腾是个什么人物？
2. 马化腾创建的腾讯公司是一个什么公司？有什么影响？
3. 请简单说说马化腾所取得的成就。
4. 马化腾原来最喜欢的是什么？
5. 举例说说大学期间马化腾的计算机水平怎么样。
6. 马化腾大学毕业以后做的第一份工作是什么？
7. ICQ是什么？马化腾为什么喜欢它？
8. 1998年马化腾作出了什么决定？
9. 他们公司最初的规模有多大？
10. 当时公司发展得怎么样？

## 第3步 快速阅读　快速阅读课文，回答第2步的问题

### QQ之父马化腾的创富传奇（一）

（字数：745　参考时间：4分钟）

在中国，或许有很多人不知道马化腾是何许人，但很少有人不知道那个以可爱的小企鹅形象为代表的聊天工具QQ。马化腾创建的腾讯公司就是靠着这个聊天工具改变了1/13中国人的沟通习惯，并获得了广泛的国际影响。

CCTV2004年度经济人物评选中，马化腾以他的创业神话打动了评委，获得了年度新锐奖；由美国《时代》新闻周刊和有线新闻网评选的25位商界人士中，马化腾也榜上有名；2005年3月16日，腾讯公司正式签署了收购Foxmail软件及有关知识产权的协议。这个消息又使年仅34岁的马化腾成为了人们关注的焦点。

1984年就随父母从海南来到深圳的马化腾曾经很喜欢天文，但那毕竟有些遥远，当计算机出现在他面前的时候，他的生活中便有了新的主宰。

在深圳大学读计算机专业的时候，马化腾的计算机水准已令老师和同学们刮目相看。他

既是各种病毒的克星，会为学校的 PC 维护提供不错的解决方案，同时又经常干些将硬盘锁住的恶作剧，让学校机房管理员哭笑不得。

1993 年从深圳大学毕业后，马化腾进入深圳润讯公司，开始做软件工程师。1997 年，马化腾第一次认识了 ICQ，一见面，他便被其无穷的魅力所吸引，立即就注册了一个号。可是，使用了一段时间，他觉得英文界面的 ICQ 在中文用户中想推广开来不是一件容易的事。于是他想，自己能否做一个类似于 ICQ 的中文版本工具呢？

1998 年 11 月，马化腾与同学张志东合作，在深圳注册了腾讯计算机系统有限公司，决定开发一个中文 ICQ 软件，从此踏上了创业征途。据说，当初公司运作的全部资本是几个小伙子的所有积蓄，而整个公司就三个员工。当时这个小公司的主要业务是为深圳电信、深圳联通和一些寻呼台做项目，QQ 只是公司一个无暇顾及的副产品。当时，为了能赚钱，马化腾他们什么业务都接，做网页、做系统集成、做程序设计…… 据说，当时在深圳，像腾讯这样的公司有上百家，马化腾和张志东最大的期望只是公司能生存下来。

## 第4步 仔细阅读 仔细阅读课文，完成下列练习

### 一 结合课文内容理解句中的画线词语

1. 在深圳大学读计算机专业的时候，马化腾的计算机水准已令老师和同学们<u>刮目相看</u>。
2. 当时这个小公司的主要业务是为深圳电信、深圳联通和一些寻呼台做项目，QQ 只是公司一个<u>无暇顾及</u>的副产品。
3. 当时，为了能赚钱，马化腾他们<u>什么业务都接</u>。

### 二 指出下列句中画线词语所表达的意思。思考一下，如果去掉这些词语，句子的表达效果会怎么样

1. 在中国，<u>或许</u>有很多人不知道马化腾是何许人。
2. 1984 年<u>就</u>随父母从海南来到深圳的马化腾<u>曾经</u>很喜欢天文。
3. <u>据说</u>，当时在深圳，像腾讯这样的公司有上百家，马化腾和张志东最大的期望<u>只是</u>公司能生存下来。

### 三 熟读下列词语，并试着作出其他扩展

哭笑不得 —— 动弹不得 —— 放弃不得 ——

## 四 根据课文内容判断正误

(　　) 1. 在中国，或许有很多人不知道马化腾，但没有人不知道 QQ。

(　　) 2. QQ 改变了大约 1 亿中国人的沟通习惯。

(　　) 3. 马化腾被美国《时代》新闻周刊和有线新闻网评选为商界人士。

(　　) 4. 马化腾从小在深圳长大。

(　　) 5. 马化腾从小就喜欢计算机。

(　　) 6. 马化腾是在深圳大学读的计算机专业。

(　　) 7. 马化腾第一次见到了 ICQ，就喜欢上了它。

(　　) 8. 当时在深圳，像腾讯这样的公司有几百家。

## 五 根据课文内容填空（每空填一个汉字）

在中国，大多数人都知道 QQ，这种聊天工具改变了很多人的______通习惯。QQ 的创建者马化腾是学计算机的，在大学期间，他的计算机水平就让老师和同学刮目______看。他当时创建 QQ 聊天工具非常不容______，他与同学合作，投______了自己的全部积蓄。为了事业，他执着努力，对什么事情都无______顾及。最后，他终于成功，成为了全球关______的焦点。

# 第5步 深入理解 深入理解课文，完成下列练习

## 六 请按照本课的逻辑顺序列一个提纲

# 注释

### 1. 推广开来

表示事物使用的范围得到扩大。“开来”前的动词常为双音节，与“扩大、扩展”的意思有关。如：“推广、传播、散布”等。例如：

（1）他觉得英文界面的 ICQ 在中文用户中想推广开来不是一件容易的事。

（2）简体字由于写起来容易，用起来方便，所以很快就被推广开来。

2. 什么……都……

无论怎样都会产生同样的结果。例如：

（1）当时，为了能赚钱，马化腾他们什么业务都接。

（2）常言说，君子爱财，取之有道，赚钱也要有选择，不能什么事都做。

# 10 QQ之父马化腾的创富传奇（二）

## 第1步 词语热身 阅读前请熟悉这些词语

| | | | | |
|---|---|---|---|---|
| 1 | 前身 | qiánshēn | 名 | 一个事物原来的形态或名称，多指组织机构。<br>◎ 北京语言大学的前身是北京语言学院。 |
| 2 | 风靡 | fēngmǐ | 动 | 形容事物很风行。<br>◎他在奥运会上获得了冠军，此后他的发型风靡全球。 |
| 3 | 款 | kuǎn | 名 | 样式。<br>◎ 这种品牌的手机又出了新款。 |
| 4 | 扩充 | kuòchōng | 动 | 扩大充实。<br>◎ 我们公司的员工队伍每年都不断扩充。 |
| 5 | 招架 | zhāojià | 动 | 支撑、抵挡。<br>◎ 不断增多的外债，使这个企业越来越难以招架。 |
| 6 | 风险投资 | fēngxiǎn tóuzī | | 具有一定失败可能性的投资形式。<br>◎ 股票属于一种风险投资。 |
| 7 | 股份 | gǔfèn | 名 | 股份公司或其他合伙经营的企业的资本单位。<br>◎ 公司的每个员工都能享有公司的股份。 |
| 8 | 扭亏为盈 | niǔ kuī wéi yíng | | 扭转亏损的局面，变为赢利。<br>◎ 通过一年的努力，公司终于扭亏为盈。 |
| 9 | 纯利润 | chúnlìrùn | 名 | 企业总收入中除去一切消耗费用以后所剩下的利润。<br>◎ 他经营了一个健康会馆，一年后的纯利润达到二十万元。 |
| 10 | 外包 | wàibāo | 动 | 对外承包。<br>◎ 服务外包是当前的一个重要发展项目。 |
| 11 | 净利润 | jìnglìrùn | 名 | 企业总收入中除去一切消耗费用和税款、利息等所剩下的利润。<br>◎ 扣去税金，今年我们公司的净利润是480万元。 |
| 12 | 控股 | kònggǔ | 动 | 掌握一定数量（半数以上或相对多数）的股份以控制公司的业务。<br>◎ 因为持有51%的股权，他拥有这个企业的控股权。 |
| 13 | 同比 | tóngbǐ | 动 | 跟以往同一时期相比，多指跟上一年同一时期相比。<br>◎ 公司去年5月份产量为50万件，今年同期为60万件，同比增长20%。 |

14 弱不禁风 ruò bù jīn fēng 柔弱得禁不起风吹，形容非常柔弱。

◎ 短短两年，这棵弱不禁风的小树就已经长成了参天大树。

## 第2步 问题预览 阅读前请用 1 分钟浏览这些问题

1. 马化腾公司创建三个月后有了什么业绩？
2. 为什么 OICQ 的诞生并没有给当时的腾讯人带来太多喜悦？
3. 一年以后出现了什么情况？
4. 为什么大量的下载和暴增的用户使马化腾兴奋的同时，也让腾讯难以招架？
5. 为什么朋友都劝马化腾卖掉 QQ ？
6. 他们的资金问题最后是如何解决的？
7. QQ 是从什么时候正式使用的？图标是什么？
8. 公司 2000 年的业绩怎么样？
9. 在 2000 年到 2004 年间腾讯每年的业绩怎么样？
10. 概括一下马化腾这个人的性格。

## 第3步 快速阅读 快速阅读课文，回答第 2 步的问题

### QQ 之父马化腾创富传奇（二）

（字数：776 参考时间：4 分钟）

公司创建三个月后，马化腾和他的同事们终于开发出了第一个“中国风味”的 ICQ——OICQ，这就是 QQ 的前身。可是这个后来风靡全国并为腾讯公司创造巨大财富的聊天工具并没有给当时的腾讯人带来太多喜悦，因为那时国内也有好几款同类的软件，用户也不多，没有人看好马化腾的 OICQ。

当时，马化腾自己也对 OICQ 的市场没有足够的认识，只是抱着试试看的心态把 OICQ 放在互联网上让用户免费使用。结果这个不被人看好的软件在不到一年就发展到了 100 万用户。大量的下载和暴增的用户使马化腾兴奋的同时，也让腾讯难以招架，因为人数增加就要扩充服务器，而那时没有资金更新设备，工作人员都快发不出工资了。

在国内寻求融资无望的情况下，许多朋友都劝马化腾卖掉 QQ。但马化腾还是决定留下 QQ 自己养大。于是他四处筹钱，国内筹不到就寻找国外的风险投资。几经周折，功夫不负有心人，马化腾遇到了 IDG 和盈科数码，他们给了 QQ 220 万美元，各占公司 20% 的股份。利用这笔资金，马化腾给公司买了 20 万兆的 IBM 服务器。

“当 20 万兆的 IBM 服务器放在公司桌上的时候，我心里别提有多美了！”马化腾讲述这一情景的时候，脸上露出了孩子般天真灿烂的微笑。

从此，腾讯开始了大踏步地前进。

2000 年 4 月，腾讯更改了网站，正式把 OICQ 命名为 QQ，以一只胖乎乎系着红领巾的企鹅形象作为 QQ 的图标。

腾讯的真正崛起是在 2000 年 8 月，仅腾讯同广东移动通信的合作，就使腾讯扭亏为盈，实现了 1000 万人民币的纯利润。此后，腾讯相继推出广告业务、移动 QQ 业务及付费 QQ 会员制。QQ 品牌外包，腾讯由此获得了 10% 的代理费，而当时著名的卡通 Hello Kitty 的代理费也不过是 5%。2001 年底，腾讯实现了 1022 万元人民币的纯利润；2002 年，腾讯的净利润是 1.44 亿元，比上一年增长了 10 倍多；2003 年，腾讯的净利润为 3.38 亿元，比 2002 年又翻了近一倍；腾讯控股（0700.HK）公布 2004 年业绩财报：腾讯实现业绩额 11.44 亿元，同比上升 55.59%，实现净利润 4.46 亿元，同比大增 38.6%。当年弱不禁风的小树苗终于长成了参天大树。

## 第 4 步 仔细阅读 仔细阅读课文，完成下列练习

### 一 结合课文内容理解句中的画线词语

1. 公司创建三个月后，马化腾和他的同事们终于开发出了第一个“中国风味”的 ICQ——OICQ，这就是 QQ 的前身。

2. 那时国内也有好几款同类的软件，用户也不多，没有人看好马化腾的 OICQ。

### 二 熟读下列词语，并试着作出其他扩展

1. 风靡全国 —— 风靡世界 —— 风靡全校 ——

2. 难以招架 —— 难以应对 —— 难以避免 ——

## 三 选择合适的词语填空

发展　　同时　　足够　　更新

当时，马化腾自己也对 OICQ 的市场没有______的认识，只是抱着试试看的心态把 OICQ 放在互联网上让用户免费使用。结果这个不被人看好的软件在不到一年就______到了 100 万用户。大量的下载和暴增的用户使马化腾兴奋的______，也让腾讯难以招架，因为人数增加就要扩充服务器，而那时没有资金______设备，工作人员都快发不出工资了。

## 四 根据课文内容判断正误

(　　) 1. 公司创建三个月后，马化腾和他的同事们开发出了"中国风味"的 ICQ——OICQ 食品。
(　　) 2. OICQ 是 QQ 的前身。
(　　) 3. 当初马化腾就认为 OICQ 会有很好的市场前景。
(　　) 4. OICQ 受到了互联网用户的欢迎。
(　　) 5. 当 20 万兆的 IBM 服务器买到手的时候，马化腾非常开心。
(　　) 6. 2000 年 8 月是腾讯真正崛起的日子。

## 五 根据课文内容填空（每空填一个汉字）

创业之初，马化腾通过______资占住了市场，成立了股______制公司。仅用一年多时间就扭亏为______，以后每年的纯利润都达到几亿元。现在又开始发展服务外______，拓展更大市场。

# 第5步 深入理解　深入理解课文，完成下列练习

## 六 说说课文的主要意思

## 七 讨论

你怎样看马化腾的创业故事？

## 注释

### 1. 功夫不负有心人

俗语，意思是只要下功夫用心去做一件事，就一定能够取得成功。例如：

（1）几经周折，功夫不负有心人，马化腾遇到了 IDG 和盈科数码，他们给了 QQ 220 万美元，各占公司 20% 的股份。

（2）在他的坚持下，老板终于被打动，决定试一试他的方案，真是功夫不负有心人啊！

### 2. 别提（有）多 + 形容词

表示程度非常高，无法细说。多用来指说话人的主观感受。例如：

（1）当 20 万兆的 IBM 服务器放在公司桌上的时候，我心里别提有多美了。

（2）这里山清水秀，空气清新，在这里生活别提有多舒服了。

### 3. 也不过

表示数量少或程度低，不值得一提。例如：

（1）QQ 品牌外包，腾讯由此获得了 10% 的代理费，而当时著名的卡通 Hello Kitty 的代理费也不过是 5%。

（2）他的本领也不过如此，没什么了不起的。

# 11 “康师傅”发迹传奇

## 第1步 问题预览 阅读前请用1分钟浏览这些问题

1. “康师傅”的创始人是谁？
2. 他们是哪里人？
3. 他们来大陆投资过几次？
4. 请说说魏氏四兄弟的性格特点。
5. 魏应行第一次到大陆投资的是什么产品？结果怎么样？
6. 魏家四兄弟是怎么决定投资大陆的方便面市场的？
7. 他们的公司是在哪里注册的？公司的名字叫什么？
8. 他们投资方便面市场的结果怎么样？
9. 目前，魏家四兄弟的工作分工是怎样的？
10. 他们如何支配赚来的钱？

## 第2步 快速阅读 快速阅读课文，回答第1步的问题

### “康师傅”发迹传奇

（字数：876 参考时间：5分钟）

“康师傅”方便面是台湾魏家四兄弟在祖国大陆的第三次投资。前两次，他们败得很惨，但第三次他们却成了大赢家。

魏应州、魏应交、魏应充和魏应行是“康师傅”的创始人。兄弟四人个性差异颇大。老大魏应州身兼父职，撑起一大家子人的生活，很严肃，也有些霸气，但做事投入，是个工作狂。老二魏应交业务员出身，擅长交际，很容易和别人打成一片，在四兄弟中风头最劲，讲话也很有说服力，因此是公司筹集资金的主力人选。老三魏应充出身财务，作风低调。老四魏应行则个性随和，能说会道。在创业的过程中他们各自发挥自己的优势。

上世纪70年代末，魏氏兄弟就打算赴祖国大陆投资。直至1988年，魏应行从香港转道来到祖国大陆，开始了在大陆的投资，但是却出师不利。在各省辗转奔波后，最先推出的是一种食用油——顶好清香油，结果产品大量滞销。接着，又先后推出了“康莱蛋酥卷”和另外一种蓖麻油，结果仍然没有成功。三年后，魏应行几乎赔光了他带来的15亿元新台币。

准备打道回府之时，方便面给了他翻身的机会。一次出差，魏应行因为不习惯火车食品，就自带了两箱台湾产的方便面，没想到引起了同车旅客的极大兴趣，大家都觉得又好吃又方便。于是，分析了大陆的方便面市场后，四兄弟再次振作，并给准备投产的方便面起了一个响亮的名字——“康师傅”。老二魏应交从战友的父亲处获得了上亿资金。经过上万次的口味测试，推出了“红烧牛肉面”作为主打产品。

1991年，天津科技开发区招标，“康师傅”在此注册了顶益食品公司。“康师傅”方便面一经推出，立即打响。顶益公司门口甚至一度出现批发商排长队订货的场面。在这种情况下，顶益迅速扩大生产规模，四兄弟也第一次尝到了投资祖国大陆的甜头。如今，“康师傅”以近一半市场的占有率，稳坐祖国大陆方便面第一宝座。

目前，在大哥的领导下，四人各有分工，各管一摊。老大魏应州负责康师傅控股公司，老二魏应交负责乐购生活购物中心，老三魏应充掌管台湾味全食品公司，而魏应行则经营全家便利与德克士炸鸡连锁店。据说，直到现在，四兄弟还把赚来的钱都集中放在一个家族基金中，每个家庭每月固定领取一笔生活开销，子女的学费则全部由基金支付。

## 第3步 仔细阅读 仔细阅读课文，完成下列练习

### 一 结合课文内容理解句中的画线词语

1. 老二魏应交业务员出身，擅长交际，很容易和别人打成一片，在四兄弟中风头最劲，讲话也很有说服力，因此是公司筹集资金的主力人选。

2. 准备打道回府之时，方便面给了他翻身的机会。

3. 经过上万次的口味测试，推出了“红烧牛肉面”作为主打产品。

4. “康师傅”方便面一经推出，立即打响。

### 二 根据课文内容判断正误

(　　) 1. “康师傅”方便面是台湾魏家四兄弟在祖国大陆的第一次投资。

(　　) 2. 台湾魏家四兄弟在祖国大陆投资“康师傅”方便面，第三次才成功。

(　　) 3. 台湾魏家四兄弟是在20世纪80年代到祖国大陆投资的。

（　）4. 第一次到大陆投资，魏应行赔了钱。

（　）5. 1991 年，“康师傅”在天津注册了顶益食品公司。

（　）6. 如今“康师傅”获得了超过一半的市场占有率，成为大陆最具实力的方便面企业。

## 三 说说这四兄弟的不同性格与他们所做工作的特点

## 第4步 深入理解 深入理解课文，完成下列练习

## 四 任务

请查找一下资料，了解有关魏家四兄弟投资及企业的情况。

# 注释

### 一度

表示过去发生过。例如：

（1）顶益公司门口甚至一度出现批发商排长队订货的场面。

（2）我刚来中国时，因为汉语不好，曾一度不敢出门。

# 12 开店创业成功五步走

## 第1步 问题预览 阅读前请用1分钟浏览这些问题

1. 为什么开店铺要选个好位置？
2. 根据传统经验，怎样判断一个店铺位置的好坏？
3. 给店铺起名应符合什么原则？
4. 店铺名号起得好可以起到什么作用？
5. 店铺装修要注意到哪些方面？
6. 店铺可以通过哪些形式做广告？
7. “硬性广告”和“软性宣传”分别指什么？
8. 店铺的经营管理主要包括哪些业务？
9. 抓两头带中间的工作原则是什么？
10. 店铺的经营管理要注意在哪些方面下工夫？

## 第2步 快速阅读 快速阅读课文，回答第1步的问题

### 开店创业成功五步走

（字数：990 参考时间：6分钟）

开店创业不易，要想成功，应该如何迈出你的脚步呢？我们可以按照以下五步走。

第一步，占地利，选个好位置。俗话说，店址差一寸，营业差一丈。好店铺就是人流、财流、信息流交换得最快、最活的地方。根据传统经验，一条南北对开的商业街，面南的要旺过面北的；东西对开的，面东的要旺过面西的；而一条传统的商业街，最旺的不是两头的，也不是中间的，而是接近一半的再一半的地方，与黄金分割定律（1:0.618）差不多符合。

第二步，细斟酌，定个好名号。名不正则言不顺，店号的重要性关系到自己的企业形

象，也会直接影响到商品的销售。一般地，店号名称要吉祥、朗朗上口、有特色、易识记。像卖西装洋服、高档饰品，就要往"洋"上靠；卖传统工艺品、土特产，则要往"土"上靠，越土越有特色，越是民族的，越是世界的。通过恰当的商铺名号，让客户认识自己、欣赏自己、信任自己，实现长期业务合作。名号策划得好，可以百口相传，相当于免费的宣传。

第三步，巧装修，凸显个性。装修直接影响着店面形象，既不能太豪华，也不能太粗陋寒酸，重要的是要实用、有个性、显品位。这里要考虑色彩的和谐搭配、货品的陈列展示、灯光的照明效果、背景音乐的选择、看货的路线，等等，一切都紧紧围绕一个原则：增强好感度，促进购买欲。

第四步，活用广告，抢尽眼球。当今时代已是信息社会，广告成为必不可少的常规武器。店面招牌要做、店内橱窗要做、包装袋要做、价格标鉴要做、宣传单要做、易拉宝展架也要做……在同一市场内，各店铺店内外广告的醒目程度和效果成为影响顾客购买欲的重要因素。除此之外，还要充分运用行业媒体，既可做硬性形象广告，也可做软性新闻宣传。有头脑的店铺或企业，总有一个广告宣传的年度计划，或人为制造看点、热点、卖点、新闻点；或借形势造优势，成为顾客关注的焦点。

第五步，广告做得好，不如经营管理得好。广告是务虚，经营管理是务实。进货渠道、店员管理、业务拓展、客户沟通、收支利润、运输后勤，都是日常工作的必修课，哪一环节出了问题，都会直接影响业务进程。经营管理体现在一个店铺日常工作的方方面面，它贯穿于店铺经营的始终。只要我们把握抓两头带中间的工作原则，即一手抓进货，一手抓销售，用管理提升日常工作水平，用日常工作检验经营管理质量，特别是在岗位标准、业务流程、制度保障、客户拓展和维护等方面下足工夫，你的店铺经营管理质量就一定会上升到一个新台阶。

开店五步走，你会走了吗？

## 第3步 仔细阅读 仔细阅读课文，完成下列练习

### 一 结合课文内容理解句中的画线词语

1. 好店铺就是人流、财流、信息流交换得最快、最活的地方。

2. 第四步，活用广告，抢尽眼球。

3. 广告是务虚，经营管理是务实。

## 二 根据课文内容判断正误

(　　) 1. 店址的选择决定营业的好坏。

(　　) 2. 在一条传统的商业街上，最旺的地方是四分之一处。

(　　) 3. 店名的好坏影响到商品的销售。

(　　) 4. 装修的目的就是为了让消费者产生好感，并且产生购买的欲望。

(　　) 5. 商家店内外广告的内容和效果是影响顾客购买欲的重要因素。

(　　) 6. 经营管理没有做广告重要。

## 三 请以"对于开店者来说必须学会经营管理"开头改写下面这段话

第五步，广告做得好，不如经营管理得好。广告是务虚，经营管理是务实。进货渠道、店员管理、业务拓展、客户沟通、收支利润、运输后勤，都是日常工作的必修课，哪一环节出了问题，都会直接影响业务进程。经营管理体现在一个店铺日常工作的方方面面，它贯穿于店铺经营的始终。只要我们把握抓两头带中间的工作原则，即一手抓进货，一手抓销售，用管理提升日常工作水平，用日常工作检验经营管理质量，特别是在岗位标准、业务流程、制度保障、客户拓展和维护等方面下足工夫，你的店铺经营管理质量就一定会上升到一个新台阶。

# 第4步 深入理解　深入理解课文，完成下列练习

## 四 讨论

怎样理解"越是民族的，越是世界的"这句话？

# 注释

### 名不正则言不顺

没有个好名字说起来就不顺便。也指做事情如果名不正就不能顺利地完成。也可以说"名不正，言不顺"。相反的说法是"名正言顺"。例如：

（1）名不正则言不顺，店号的重要性关系到自己的企业形象，也会直接影响到商品的销售。

（2）没有订婚，女朋友却让我去她家拜年，我父母说这样名不正，言不顺。

## 阅读指导

记忆词汇的方法之三：分类法

记忆词汇要遵循一个“急用先学、从正确到优美”的顺序，即马上需要用到的词语先记忆，正确表达自己的想法的词汇先记忆，以后会用到的、能让自己的表达更优美的后记忆。如果要给词汇分类，我们不妨分为三类：NTK（necessary to know）、GTK（good to know）、ETK（excellent to know），我们可以列一个表格，把学过的词语分类放在其中，这样记忆起来更方便。

例如：第9课《QQ之父马化腾的创富传奇（一）》中有11个词语，“界面”一词是电脑用语，与我们生活密切相关，可以把它放在NTK一栏中，“积蓄”一词与“储蓄”相近，但“积蓄”可以做名词，涉及表达正确与否，可以把它放在GTK一栏中，而“无暇顾及”表示没有时间关照，但这个词有书面语色彩，可以使你的表达更优美，因此可以把它放在ETK一栏中。

| NTK | GTK | ETK |
|---|---|---|
| 界面 | 积蓄 | 无暇顾及 |

## 休闲阅读

### 学射箭

某人学射箭，拿着两支箭去射靶。他的老师对他说：“初学的人，不要带两只箭，因为会产生依赖后一支箭而对前一支箭不用心的心理。每次射箭一定不要有哪支能射中、哪支不能射中的想法，应该有一箭必中的决心。”

学习某项本领的人，以为除了今晚还有明朝，到了早上还有晚上，总想到将来再学。他哪里知道，在极短的一瞬间也会产生松懈的念头。用心每一刻，马上就行动，你一定会离成功不远。

# 4 文化产业篇



**单元导学与任务**

文化产业是一个新生的朝阳产业。学习本单元，请完成下面的任务：

1. 找一找课文以外其他文化产业信息，与同学或朋友交流。
2. 说一说你认为目前最有发展前景的文化产业。

# 13 方寸邮票讲述奥运百年故事（一）

## 第1步 词语热身　阅读前请熟悉这些词语

| | | | | |
|---|---|---|---|---|
| 1 | 沧桑 | cāngsāng | 名 | 沧海桑田。比喻世事变化很大。<br>◎ 一枚邮票，历经百年沧桑，讲述着奥运百年故事。 |
| 2 | 募捐 | mùjuān | 动 | 募集钱款和物品。<br>◎ 我们需要把募捐到的钱尽快送到灾民手中。 |
| 3 | 足以 | zúyǐ | 动 | 足够，可以。后面接动词。<br>◎ 这笔钱足以救活一个企业。 |
| 4 | 筹备 | chóubèi | 动 | 为工作或事业等事先筹划准备。<br>◎ 北京奥运会经过 7 年的筹备，终于开幕了。 |
| 5 | 资金 | zījīn | 名 | 经营的本钱。<br>◎ 解决资金短缺问题的最好办法就是融资。 |
| 6 | 采纳 | cǎinà | 动 | 采用，接纳。<br>◎ 如果你的意见合理，我们就会采纳。 |
| 7 | 面值 | miànzhí | 名 | 票据等上面标注的金额。<br>◎ 目前人民币的最高面值是 100 元。 |
| 8 | 拯救 | zhěngjiù | 动 | 救。<br>◎ 一个好的创意拯救了一个企业。 |
| 9 | 风尘 | fēngchén | 名 | 纷乱的社会。<br>◎ 经过了上千年岁月的风尘，这件文物依然保存完好。 |
| 10 | 玷污 | diànwū | 动 | 弄脏。<br>◎ 不要因为一时贪念玷污了自己一世的清白。 |
| 11 | 流失量 | liúshīliàng | 名 | 流失的数量。<br>◎ 水土流失量过大就会影响到生态平衡。 |
| 12 | 流入市面 | liúrù shìmiàn | | 在市场上流通。<br>◎ 要防止假币流入市面。 |
| 13 | 安抚 | ānfǔ | 动 | 安顿，抚慰。<br>◎ 受灾地区的群众心理需要安抚。 |

14 向往　xiàngwǎng　动　因热爱、羡慕某种事物或境界而希望得到或达到。
◎ 人类的天性是向往自由的。

15 触目惊心　chù mù jīng xīn　看到某种严重的情况而引起内心的震动。
◎ 一起起交通事故令人触目惊心，我们必须要重视交通安全。

## 第 2 步　问题预览　阅读前请用 1 分钟浏览这些问题

1. 首届现代奥运会的资金来源有哪几个方面？其中起决定作用的是什么？
2. 首套奥运纪念邮票是在什么情况下发行的？
3. 发行首套奥运邮票的意义是什么？
4. 首届现代奥运会如期进行，主要依靠什么帮助？
5. 首套奥运邮票包括哪些内容？
6. 为什么说希腊发行的首套奥运邮票非常珍贵？
7. 目前首套奥运邮票的价值如何？
8. 第 14 届奥运会发行的邮票中有什么特别的地方？它的寓意是什么？
9. 介绍一下第 15 届奥运会情况及邮票发行情况。
10. 奥运会历史上，有一张触目惊心的首日封，上面写的是什么？

## 第 3 步　快速阅读　快速阅读课文，回答第 2 步的问题

### 方寸邮票讲述奥运百年故事（一）

（字数：1150　参考时间：8 分钟）

邮票，奥林匹克收藏中的一个大项，方寸之间，记录的是百年奥运历史的沧桑与辉煌；而集邮，这一文化活动，就像一条黄丝带，将各国热爱奥运的邮迷们紧紧相连，成为奥林匹克文化现象中重要的一部分。

世界上第一枚邮票——“黑便士”，诞生于 1840 年 5 月 1 日。1894 年 6 月 23 日，国际体育运动代表大会在巴黎召开，决定首届现代奥运会将于 1896 年在雅典举行。

1896 年，正式比赛的日子日益临近，可首届奥运会的资金仍有很大缺口。希腊各地的

募捐活动得到30多万德拉马（希腊货币），希腊富翁阿维罗夫捐赠100万德拉马修建运动场，这两笔钱仍不足以运转一届奥运会。

这时，希腊集邮协会主席萨科拉费斯向希腊奥委会建议，发行一套纪念邮票为奥运会筹备资金。希腊政府采纳了这个建议，并发行了一套以古代奥运会历史为题材的邮票，而且高于面值出售。邮票发行后，爱好者争相购买，筹得资金40万德拉马，这笔邮票款使得奥运会如期进行，因此奥运会历史上有了“一套邮票拯救了一届奥运会”之说。

首套奥运邮票共12枚，选用了古希腊有关体育运动的艺术作品和古代奥运会的比赛项目做图案，包括雕塑家米隆的《掷铁饼者》雕塑以及古希腊拳击、战车赛、古雅典竞技场、胜利女神等与古希腊体育运动有关的艺术作品。

希腊发行的这套邮票，既是世界上第一套体育邮票，也是世界上第一套奥林匹克邮票，流传至今，非常珍贵。

从收藏上看，奥运邮票的价值都与年代成正比，1896年希腊奥运会发行的这套邮票也被认为是最具收藏价值的奥运邮票。经历了100多年的历史风尘，能够完整保留下来，没有玷污痕迹的整套邮票如今已不多见，市面价值估计在2000美元至2500美元之间。单票以面值和流失量决定其价值大小，如果票面上印有奥运会举办地点及时间的邮戳，那这张邮票的价值就高于新票价值。

以后的第2届至第6届奥运会，各举办国都没有发行奥林匹克邮票，直到1906年，为纪念现代奥运会10周年，希腊发行了一套14枚的邮票，比起10年前的第一套奥林匹克邮票，第二套邮票，无论从印刷到色彩，都有显著进步。

有些奥运期间发行的特殊邮票也存在很高的收藏价值，其中包括由于印刷失误等原因发行出的错体票、折白票、变体票，还有漏打磁孔所造成的废品邮票，由于流入市面都变得很珍贵。

1945年，第二次世界大战结束，1948年10月，英国奥委会向国际奥委会申请在伦敦举办第14届奥运会，为了安抚人们因战争带来的恐惧和对和平的高度向往，英国皇家邮政在此届奥运会发行的邮票中，特意为其中两枚加上了橄榄枝。

第15届赫尔辛基奥运会期间，虽然气候不佳，不时遭遇寒风和大雨的袭击，但仍然是一届成功的奥运会，芬兰邮政为此届奥运会发行了一套4枚的附捐邮票。

奥运会历史上，有一张触目惊心又让人终生难忘的首日封，首日封上写满了签名，其中包括在1972年慕尼黑奥运会期间，被恐怖分子杀害的9名以色列运动员的签名。纪念这些逝者的同时，也表达了生者对和平的向往。

## 第4步 仔细阅读 仔细阅读课文，完成下列练习

### 一 结合课文内容理解句中的画线词语

1. 邮票，奥林匹克收藏中的一个大项，方寸之间，记录的是百年奥运历史的沧桑与辉煌。

2. 1896 年，正式比赛的日子日益临近，可首届奥运会的资金仍有很大缺口。

3. 邮票发行后，爱好者争相购买，筹得资金 40 万德拉马，这笔邮票款使得奥运会如期进行，因此奥运会历史上有了“一套邮票拯救了一届奥运会”之说。

### 二 根据课文内容判断正误

(　　) 1. 邮票属于奥林匹克收藏的项目。
(　　) 2. 集邮是一项文化活动。
(　　) 3. 奥林匹克是一种文化现象。
(　　) 4. 世界上第一枚邮票“黑便士”诞生于 1894 年 6 月 23 日。
(　　) 5. 首届现代奥运会是 1896 年在雅典举行的。
(　　) 6. 首套奥运邮票是以古代奥运会历史为题材的。
(　　) 7. 希腊发行的首套奥运会邮票是世界上第一套体育邮票，也是世界上第一套奥林匹克邮票。
(　　) 8. 目前能够完整保留下来，没有玷污痕迹的整套首套奥运邮票已经非常稀少了。
(　　) 9. 历史上每一届奥运会，各举办国都发行了奥林匹克邮票。
(　　) 10. 第一套奥林匹克邮票和第二套奥林匹克邮票都是希腊发行的。

### 三 选择合适的词语填空

筹备　　建议　　如期　　采纳　　争相

1. 希腊集邮协会主席萨科拉费斯向希腊奥委会______，发行一套纪念邮票为奥运会______资金。希腊政府______了这个建议，并发行了一套以古代奥运会历史为题材的邮票，而且高于面值出售。邮票发行后，爱好者______购买，筹得资金 40 万德拉马，这笔邮票款使得奥运会______进行，因此奥运会历史上有了“一套邮票拯救了一届奥运会”之说。

为　　都　　发行　　无论

2. 以后的第 2 届至第 6 届奥运会，各举办国都没有______奥林匹克邮票，直到 1906 年，______纪念现代奥运会 10 周年，希腊发行了一套 14 枚的邮票，比起 10 年前的第一套奥林匹克邮票，第二套邮票，______从印刷到色彩，______有显著进步。

## 四 根据课文内容填空（每空填一个汉字）

记录了奥林匹克百年沧______的邮票，足______把各国人民的心连在一起，也为向______和平的人们架设了友谊的桥梁。在历史上，奥运邮票曾为奥运会的成功举办筹集资______作出了重要贡献。如果你喜欢集______，一定会从一枚枚邮票中学习到很多知识。

# 第5步 深入理解 深入理解课文，完成下列练习

## 五 简述课文的大意

## 六 请讲一讲你所知道的奥运邮票的故事

# 注释

### 1. 足以

完全可以，相反是“不足以”。例如：

（1）希腊各地的募捐活动得到30多万德拉马，希腊富翁阿维罗夫捐赠100万德拉马修建运动场，这两笔钱仍不足以运转一届奥运会。

（2）不要担心，凭你的能力足以完成这个任务。

### 2. 既是……也是……

二者都包括的选择，用于从两方面对事物作出判断。例如：

（1）希腊发行的这套邮票，既是世界上第一套体育邮票，也是世界上第一套奥林匹克邮票，流传至今，非常珍贵。

（2）上海世博会既是全球的一次盛会，也是中国的一次盛会。

# 14 方寸邮票讲述奥运百年故事（二）

## 第1步 词语热身 阅读前请熟悉这些词语

| | | | | |
|---|---|---|---|---|
| 1 | 每逢 | měiféng | 副 | 每次遇到。<br>◎ 每逢农历八月十五日，钱塘江都会出现潮汐现象。 |
| 2 | 值钱 | zhíqián | 形 | 价钱高，有价值。<br>◎ 一般来说，古玩年代越久越值钱。 |
| 3 | 心底无私 | xīndǐ wúsī | | 内心纯净，没有私心。<br>◎ 中国人常说，心底无私天地宽，用来指品德高尚的人。 |
| 4 | 倾尽 | qīngjìn | 动 | 全部拿出。<br>◎ 他倾尽全部资产买了这套房子。 |
| 5 | 大饱眼福 | dà bǎo yǎnfú | | 观赏到了美好的事物或风景而感到很满足。<br>◎ 您的藏品真是稀世珍宝，今日得见，可让我大饱眼福了。 |
| 6 | 不胜枚举 | bú shèng méi jǔ | | 因为太多而列举不过来。<br>◎ 通过学习汉语而获益终身的人不胜枚举。 |
| 7 | 生涯 | shēngyá | 名 | 从事某种活动或职业的生活。<br>◎ 读书生涯 / 教学生涯 / 职业生涯 |
| 8 | 堪称 | kānchēng | 动 | 可以称得上。<br>◎ 百位小球迷对战皇马球星，场面堪称壮观。 |
| 9 | 东道主 | dōngdàozhǔ | 名 | 主人。<br>◎ 奥运来到中国，我们要努力当好东道主。 |
| 10 | 东道国 | dōngdàoguó | 名 | 负责组织安排国际会议、比赛等在本国举行的国家。<br>◎ 2008 年中国作为奥运会的东道国，成功主办了奥运会，受到了世界各国的称赞。 |

## 第2步 问题预览 阅读前请用1分钟浏览这些问题

1. 从二战前到1996年，体育邮票在发行数量和品种上是怎样的发展趋势？
2. 要想收藏到奥运邮品中的珍品，就必须了解哪些知识？
3. 谁是世界上拥有奥运邮票最多的人？他有多少藏品？这些藏品现在在什么地方？
4. 为什么说萨马兰奇开拓了奥林匹克集邮的概念？
5. 为什么说萨马兰奇堪称奥林匹克集邮创始人？
6. 1987年在广州举行的中国奥林匹克集邮展览上展出了谁的藏品？都有什么藏品？
7. 谁提议成立国际奥林匹克集邮联合会？
8. 说说世界奥林匹克邮展的情况。
9. 新中国成立之初，中国参加了哪届奥运会？
10. 说说新中国发行奥林匹克邮票的情况。

## 第3步 快速阅读 快速阅读课文，回答第2步的问题

### 方寸邮票讲述奥运百年故事（二）

（字数：1236　参考时间：8分钟）

二战前，体育邮票总数不满300枚。进入上世纪60年代，每逢奥运盛会，就有六七十个国家发行纪念邮票，还有设计精美的小型张、邮资封片、附加图案和文字说明。上世纪80年代之后，发行与奥运有关的邮票的国家，数量高达百位。到了现代奥运百年纪念的1996年，世界各国发行的奥林匹克邮票已达几千种之多。

要在世界各国的奥运邮品中收集到珍品，就一定要对奥运会的历史有所了解，并了解这套邮票的发行背景。有特定历史意义的奥运藏品才真正值钱，至于收藏技术，例如邮品发行量、保存完好程度等，自然不用说了。

世界上拥有奥运邮票最多的人是谁？答案很简单，国际奥委会终身名誉主席萨马兰奇先生。而这大批量的邮票都在哪里呢？如果你去过瑞士洛桑的奥林匹克纪念馆，就会发现，那里收藏了来自137个国家的一万两千多枚奥林匹克邮票和六百多枚纪念币，其中有一大部分是来自萨马兰奇的藏品，共11,277枚。心底无私的萨翁倾尽所有珍藏，捐献给了博物馆，让

每一个去参观的人大饱眼福。他的收藏丰富多彩、品位高雅，稀世珍宝不胜枚举。

年近九旬的萨翁集邮时间已经超过半个世纪。他的珍藏，从 1896 年希腊发行的第一套极珍贵的奥林匹克邮票，到今天各国发行的各种奥林匹克珍品，几乎全部收齐。在漫长的集邮生涯中，萨马兰奇开拓了奥林匹克集邮的概念，还多次提议举办奥林匹克邮展，堪称奥林匹克集邮创始人。

1987 年，在广州举行的中国奥林匹克集邮展览上，萨马兰奇送展了他的珍藏“早期体育四方连集”，其中有许多是奥运会主办国发行的纪念邮票，从 1896 年希腊发行的第一套奥林匹克邮票到 1984 年第 23 届奥运会邮票，全部包括在内。

根据萨马兰奇提议，国际奥林匹克集邮联合会于 1982 年 12 月 7 日在瑞士洛桑成立，萨马兰奇亲自担任主席。在萨马兰奇任奥林匹克集邮联合会主席 20 年间，共举行了洛杉矶、首尔、巴塞罗那、亚特兰大四届奥运会，这四届奥运会东道主都发行了纪念邮票，多个城市还举行了邮展，特别是历时 7 天的首届洛桑邮展规模空前，参展的有 62 个国家和地区的 190 多部邮集，共 1200 多框。为庆贺首届邮展，20 多个国家发行了纪念邮票、邮资封片，刻制了纪念邮戳。萨马兰奇还担任了首届国际奥林匹克邮展组委会主席。之后的 1996 年亚特兰大奥运会和 2000 年悉尼奥运会期间，分别举行了第 6 次和第 7 次奥林匹克邮展。第 6 届邮展上，还同时展出了一些国家的奥林匹克体育纪念币和体育纪念专集。奥林匹克体育收藏的三大系列同时放在邮展中展出还是第一次，这些活动今天已经成为奥运会文化艺术的重要活动。

新中国成立后，曾在 1952 年派出代表团参加芬兰赫尔辛基第 15 届奥运会，1958 年，因为政治原因，宣布脱离国际奥委会，此后长达 21 年的时间内，没有发行任何奥林匹克题材的邮票。

1979 年，中国重返国际奥委会，次年参加了美国普莱西德湖第 13 届冬奥会，并于开幕的 2 月 13 日发行了 4 枚一套的纪念邮票，图案分别为会徽、速滑、滑冰和滑雪，这也是新中国第一套奥林匹克题材的纪念邮票。

其后，每逢奥林匹克大事——运动会、集邮展、国际奥委会成立 100 周年等日子，中国都会发行纪念邮票，成为了世界奥林匹克集邮队伍中的一支生力军。

## 第 4 步　仔细阅读　仔细阅读课文，完成下列练习

### 一　结合课文内容理解句中的画线词语

1. 上世纪 80 年代之后，发行与奥运有关的邮票的国家，<u>数量高达百位</u>。

2. 年近<u>九旬</u>的萨翁集邮时间已经超过半个世纪。

## 二 根据课文内容判断正误

(　　) 1. 二战前发行的体育邮票总数还不到 300 枚。
(　　) 2. 在 1996 年，为了纪念现代奥运一百周年，世界各国发行了几千种奥林匹克邮票。
(　　) 3. 在瑞士洛桑的奥林匹克纪念馆里收藏的全部是萨马兰奇的藏品。
(　　) 4. 萨马兰奇的收藏丰富多彩、品位高雅，有很多稀世珍宝。
(　　) 5. 国际奥林匹克集邮联合会于 1982 年 12 月 7 日在瑞士洛桑成立。
(　　) 6. 在 1996 年和 2000 年间，举办了两次奥林匹克邮展。
(　　) 7. 新中国第一套奥林匹克邮票是在 1980 年 2 月 13 日发行的。
(　　) 8. 在国际奥委会成立 100 周年时，中国发行了奥林匹克题材的纪念邮票。

## 三 选择合适的词语填空

收集　　特定　　并　　自然　　至于

1. 要在世界各国的奥运邮品中______到珍品，就一定要对奥运会的历史有所了解，______了解这套邮票的发行背景。有______历史意义的奥运藏品才真正值钱，______收藏技术，例如邮品发行量、保存完好程度等，______不用说了。

举行　　到　　发行

2. 1987 年，在广州______的中国奥林匹克集邮展览上，萨马兰奇送展了他的珍藏“早期体育四方连集”，其中有许多是奥运会主办国______的纪念邮票，从 1896 年希腊发行的第一套奥林匹克邮票______1984 年第 23 届奥运会邮票，全部包括在内。

## 四 根据课文内容填空（每空填一个汉字）

1979 年，中国重返国际奥委会，______年发行了 4 枚一套的纪念邮票，图案分别为会徽、速滑、滑冰和滑雪，这也是新中国第一套以奥林匹克为主______的纪念邮票。其后，每逢奥林匹克大事，中国都会发行纪念邮票，成为世界奥林匹克集邮队伍中的一支______要力量。

# 第5步 深入理解　深入理解课文，完成下列练习

## 五 概括课文第 3–5 段的大意

六 讨论

谈谈邮票的价值和集邮的意义。

## 注释

### 1. 至于

提起跟前面话题相关的另一方面，用于第二个分句的开头。例如：

（1）要在世界各国的奥运邮品中收集到珍品，就一定要对奥运会的历史有所了解，并了解这套邮票的发行背景。有特定历史意义的奥运藏品才真正值钱，至于收藏技术，例如邮品发行量、保存完好程度等，自然不用说了。

（2）他在谈判上是一把好手，至于经营管理方面的能力还不太清楚。

### 2. 大饱 + 口（眼 / 耳）+ 福

对吃到、看到、听到美好事物带来的感官享受的描述。即“大饱口福、大饱眼福、大饱耳福”。例如：

（1）心底无私的萨翁倾尽所有珍藏，捐献给了博物馆，让每一个去参观的人大饱眼福。

（2）今晚的音乐会真是让人大饱耳福，有的老歌好多年都没有听到过了。

### 3. 历时

（事情）经过时日。用于书面语。例如：

（1）这四届奥运会东道主都发行了纪念邮票，多个城市还举行了邮展，特别是历时 7 天的首届洛桑邮展规模空前。

（2）经过历时五年的奋斗，他们的产品终于走向了国际市场。

# 15 休闲服务与经营的具体化问题

## 第1步 问题预览　阅读前请用 1 分钟浏览这些问题

1. 你怎么理解“在玩儿中学，更有效率”这句话？
2. 作者是从哪里得来那个好玩儿的“玩具”的？
3. 说说印度梵塔中发现的“玩具”的玩儿法。
4. 玩儿一遍作者所说的玩具，需要多长时间？
5. 通过这个玩具，作者想到了什么创意？
6. 上海大世界的特点是什么？
7. 说说上海大世界给你的印象。
8. 请复述一遍作者在东京迪斯尼乐园玩儿过的项目。你认为这个项目怎么样？
9. 体验过东京迪斯尼乐园的“小船”项目以后，作者受到了什么启发？
10. 你认为作者关于建设崂山“仙人沟”的创意如何？

## 第2步 快速阅读　快速阅读课文，回答第 1 步的问题

### 休闲服务与经营的具体化问题

（字数：888　参考时间：6 分钟）

人爱玩儿是天性，顺应这个天性是有益的。“活到老，玩儿到老。”在玩儿中学，更有效率。我想把这些观点具体应用到休闲服务与经营中去。

一个德国朋友送给我一个在印度梵塔中发现的很好玩儿的东西。64 个黄金片按大小依次叠放在一个圆柱上，如果要把这叠金片按原样叠放在第三根圆柱上，要求是一次只能搬运一片，那么这需要多长时间？结果绝对让人难以想象。如果按一秒钟搬一次计算，需要搬运 18,446,744,078,700,551,615 次，等于需要 5,845 亿年才能搬运成功。如果把这个游戏复制到游乐场，让游客比赛搬运的速度和时间，我想是一个很吸引人的游戏。

休闲服务和经营应该并能够多样化。只要思想开窍了就能做到。上海大世界得到过“东方迪斯尼乐园”的美称，它的特点就是多样化。在上海大世界既有只要买一张门票就可以玩儿到的很多娱乐项目，而且可以在那里吃喝休息，同时又有独立的娱乐单元，需单独买票才能进去。这些独立单元的内容可以不断变化，而不是像我们现在的许多游乐场的内容都是多年不变的。上海大世界里有不断变化的东西，玩儿上一天都不会腻。

我曾经在东京的迪斯尼乐园玩儿过这样一个项目：在一座相当大的建筑物里，我坐着一只“小船”在弯弯曲曲的“小河道”上行走。其实船底是固定在一条传送带上的。这“船”不是浮在水面上，只是在水里被拉着前进，而传送带的动力车间离坐的船很远，所以十分宁静。我一边听着优美的音乐，一边看着听着“河道两岸”美丽可爱的玩偶在那里跳舞唱歌。歌声好像是从那些玩偶嘴里发出的，声音甜美。玩偶舞姿优雅，令人难忘。

在那里坐了半小时的船，给了我一些启发。中国青岛崂山是一个道教胜地，特别是由于蒲松龄写的《聊斋志异》里有一个崂山道士的故事，它就更加出名。因此我们可以在崂山选择一条大山沟，把它建设成为仙人沟。再在这个山沟里选择若干条小沟，分别建设成仙人洞、仙居沟、仙迹沟、仙乐沟等。在仙居沟中我们可以展示仙人们的生活，比如可以在南极仙翁的仙居让他和麻姑仙子在石桌旁下棋，游客可以坐在他们旁边看下棋，用照相机把这样的镜头拍下来。在仙迹沟里可以利用现在的特技显示仙人的这种奇迹。人们一走进仙乐沟，玩偶就在小溪流旁和山坡上载歌载舞，我想游客们的感受一定会很好。

## 第3步　仔细阅读　仔细阅读课文，完成下列练习

### 一　结合课文内容理解句中的画线词语

1. 只要思想<u>开窍</u>了就能做到。

2. 人们一走进仙乐沟，玩偶就在小溪流旁和山坡上<u>载歌载舞</u>。

### 二　根据课文内容判断正误

(　　) 1. 爱玩儿是人的天性。

(　　) 2. 休闲需要服务与经营。

(　　) 3. 印度梵塔中发现的“玩具”一个人一辈子也玩儿不完一次。

(　　) 4. 休闲服务和经营是可以做到多样化的。

(　　) 5. 上海大世界因为娱乐项目的多样化而得到了“东方迪斯尼乐园”的美称。

(　　) 6. 上海大世界里因为有不断变化的东西，所以玩儿上一天都不会腻。

三 用一句话概括课文的主题

## 第4步 深入理解 深入理解课文，完成下列练习

四 讨论

1. 怎样理解“活到老，玩儿到老”这句话？

2. 你认为把印度梵塔中发现的“玩具”的玩儿法运用到游乐场的想法怎么样？

### 注释

活到老，玩儿到老

这是从“活到老，学到老”这句话借用改造而来的，意思是爱玩儿是人的天性，即使老了也应该讲究能玩儿会乐。

# 16 几朝沉浮杨柳青

## 第 1 步　问题预览　阅读前请用 1 分钟浏览这些问题

1. 杨柳青镇以什么著称?
2. 杨柳青木版年画从什么时候开始出现的?
3. “南桃北柳” 指什么?
4. 杨柳青年画在发展过程中形成的与其他地方年画的不同之处是什么?
5. 什么原因曾使得杨柳青年画生产一落千丈?
6. 新中国政府是如何关心和扶持杨柳青年画的?
7. 1953 年，有哪些画家在政府的关怀下开始恢复工作?
8. 进入 20 世纪 90 年代，为什么胶印年画需求大幅滑坡?
9. 近年来中国政府对杨柳青年画都给予了哪些支持?
10. 杨柳青画社近年来经营得怎么样?

## 第 2 步　快速阅读　快速阅读课文，回答第 1 步的问题

### 几朝沉浮杨柳青

（字数：930　参考时间：6 分钟）

天津市区以西 20 公里的杨柳青镇，以杨柳依依得名，以木版彩绘年画① 著称。

天津杨柳青木版年画始见于明代，在中国年画中以印绘结合的特点独树一帜，至今已有 300 余年历史。

① 年画：中国传统风俗习惯在过年时在墙上贴上漂亮的图画，称为年画。年画是在中国特定的环境下产生的独有的艺术种类。它起源于远古时代的原始宗教，孕育于汉唐文化高度发展时期，形成于都市繁华生活的宋代，明清时期得到丰富、发展和提高，成为中国民间传统绘画中一个独立的画种，是人民大众喜闻乐见的艺术表现形式。内容一般是祈求平安、吉祥、幸福、生活富足。

在发展过程中，杨柳青年画逐渐形成木版印刷、多重套印、手工彩绘的特色，和其他地方木版年画迥然有别，与苏州桃花坞年画并称“南桃北柳[②]”，成为中国传统木版年画中最为著名的一宗。

鸦片战争后，战乱不止，杨柳青镇年画生产一落千丈，至1931年“九 · 一八”事变，交通中断，传统画坊几近湮灭。

新中国成立以后，抢救杨柳青年画的工作随即展开。

1952年，中央人民政府派人对杨柳青年画进行了专门调查，并很快给镇上仅存的一家年画作坊寄去了500元钱。

1953年，在党和政府的关怀倡导下，韩春荣、霍玉堂等六位老艺人组成“杨柳青年画生产互助组”，恢复了生产。

1956年，“杨柳青镇和平画业生产合作社”成立，中央领导同志及全国各地专业画家、国际友人不断前去视察、调研和参观，画社影响逐渐扩大。

1958年，天津荣宝斋、德裕公画店归并，成立“天津杨柳青画店”，后更名为天津杨柳青画社。它的成立，使杨柳青木版年画成为中国最早被国家以成立专业性经营单位方式予以保护的艺术种类。

随后，国家投入大量人力、物力、财力，支持杨柳青年画的抢救——画社四处寻访，收集了6000余块年画古版和明代以来的年画样品一万余张；而老艺人们云集画社，也使杨柳青木版彩绘年画的全部制作技艺得到了完整的保留。

进入20世纪90年代，伴随经济起飞、家居环境的改变，胶印年画需求大幅滑坡，画社经营一度陷入困境。近几年来，传统木版手绘年画作为艺术品重获青睐，产量逐年攀升。目前，画社每年传统木版手绘年画销量稳定在3万张上下，年收入五六百万元，在经济上已经实现自给。

近年来，有关方面对杨柳青画社的支持持续不断。

2004年，天津杨柳青木版年画被文化部批准为“中国民族民间文化保护工程试点项目”，对杨柳青木版年画的历史追溯、整理及研究工作启动。同年，天津市文化局和杨柳青画社在

② 南桃北柳：年画最早成名的是苏州的桃花坞。自明代开始，随着大运河重新疏通，苏州桃花坞年画及雕版艺人北上，处于南北枢纽的杨柳青地区，年画生产渐成风尚。至清中叶，杨柳青年画达到全盛，就出现了“南桃北柳”之说。

天津举办了盛况空前的“天津杨柳青木版年画保护工程研讨会暨杨柳青画社藏品展”。

2005 年，中国美术馆举办“中国天津杨柳青木版年画精品展”，引起轰动。

2007 年，杨柳青画社被命名为天津老字号，成为天津标志性品牌商铺。

已经初步形成产业化的杨柳青年画制作，经营逐渐好转，影响力日盛。

## 第3步 仔细阅读　仔细阅读课文，完成下列练习

### 一 结合课文内容理解句中的画线词语

1. 几朝沉浮杨柳青。
2. 天津杨柳青木版年画始见于明代，在中国年画中以印绘结合的特点独树一帜，至今已有 300 余年历史。
3. 老艺人们云集画社，也使杨柳青木版彩绘年画的全部制作技艺得到了完整的保留。
4. 进入 20 世纪 90 年代，伴随经济起飞、家居环境的改变，胶印年画需求大幅滑坡，画社经营一度陷入困境。
5. 近几年来，传统木版手绘年画作为艺术品重获青睐，产量逐年攀升。

### 二 根据课文内容判断正误

(　　) 1. 杨柳青镇位于天津市区以西 20 公里处。

(　　) 2. 杨柳青镇是根据当地的自然风景而得名的。

(　　) 3. 杨柳青年画是中国传统木版年画中最为著名的一宗。

(　　) 4. 新中国对杨柳青年画做了很多抢救工作。

(　　) 5. 进入 20 世纪 90 年代，杨柳青年画的经营越来越景气。

(　　) 6. 杨柳青木版年画是中国最早被国家以成立专业性经营单位方式予以保护的艺术种类。

(　　) 7. 20 世纪 50 年代末，画社四处寻访，收集了一万多张明代的年画样品。

(　　) 8. 目前，杨柳青年画画社在经济上已经不需要国家资助了。

### 三 整理出一个反映杨柳青年画在新中国发展历程的表格

## 第4步 深入理解 深入理解课文，完成下列练习

### 四 讨论

查找相关资料了解杨柳青的情况，并谈谈你怎样看待作为老字号的杨柳青。

## 注释

### 1. 以……得名

因为某种原因而得到某个名称。多用于书面语。类似的用法还有“以……著称”。例如：

（1）天津市区以西20公里的杨柳青镇，以杨柳依依得名，以木版彩绘年画著称。

（2）汤泉镇以温泉而得名，以苗木种植而著称。

### 2. 予以

给以。用于书面语。例如：

（1）它的成立，使杨柳青木版年画成为中国最早被国家以成立专业性经营单位方式予以保护的艺术种类。

（2）对于中小企业，国家已制定各种相关政策予以扶持。

## 阅读指导

词汇记忆的方法之四：语素分析法

有一些比较难的词语，可以采取语素分析记忆法来记忆。这种方法就是把词语按照语素分开，用各个语素的意思加以解释合成，例如："触目惊心"，"触"是接触，"目"是眼睛，"惊"是惊讶、吃惊，"心"是心灵，整合起来就是"眼睛看到某事之后让自己很吃惊"。进一步分析，看到了什么事情让人吃惊呢？一定是后果非常严重的坏事情。

明白了各语素意思，词语也就马上记住了。大家不妨试试。

## 休闲阅读

### 100 美元

经济危机导致旅馆生意冷清。终于有一天，来了一位富翁，他掏出 100 美元做押金，然后拿着钥匙上楼去看房间。

旅馆老板拿着这 100 美元急匆匆跑到附近的商店还前几天的 100 美元牛奶赊账，商店老板又飞快地跑到牛奶供应商那里还 100 美元的欠款，牛奶供应商又急忙跑向牛奶批发商那里还清前几天欠的 100 美元，牛奶批发商又拿着这 100 美元去奶牛场还清债务。奶牛场的场主高兴地带着妻子来到这家旅馆用餐，刚好消费了这 100 美元。

就在这时，富翁从楼上走下来，他表示对这里的环境不太满意，于是收回自己的 100 美元离开了。

没有任何利润和收入，但每个人都放下了债务的担子，人们又对美好的生活充满了向往。

# 5 品牌篇



## 单元导学与任务

品牌保护是商品经济时代的一个大问题。学习本单元，请完成下面的任务：

1. 查找资料，了解一下“王麻子”是一个什么样的品牌以及它的历史。
2. 查找资料，向大家介绍一个关于品牌保护的案例。

# 17 "王麻子"破产的品牌解析

## 第1步 词语热身 阅读前请熟悉这些词语

| | | | | |
|---|---|---|---|---|
| 1 | 占据 | zhànjù | 动 | 用强力取得或保持对某一地域或场所的拥有权。<br>◎ 只有占据更大的市场份额，才能保证利润最大化。 |
| 2 | 负债 | fùzhài | 名 | 这里指资产负债表中的一方，表现营业资金的来源。<br>◎ 资产和负债是财务核算赢利和亏损的依据。 |
| 3 | 口碑 | kǒubēi | 名 | 比喻群众口头上的称颂。<br>◎ 他做生意从来都以诚信为本，所以口碑很好。 |
| 4 | 资产负债率 | zīchǎn fùzhàilǜ | | 资产与负债的比率。<br>◎ 公司这几年连年亏损，资产负债率去年甚至达到200%。 |
| 5 | 鼎盛 | dǐngshèng | 形 | 最兴盛的。<br>◎ 公司的鼎盛时期，每年的赢利是现在营业额的10倍。 |
| 6 | 乏术 | fáshù | 动 | 缺乏有效的办法。<br>◎ 现在太忙了，又要工作又要照顾家，我简直是分身乏术。 |
| 7 | 充斥 | chōngchì | 动 | 塞满、充满（不好的东西）。<br>◎ 那家报纸上充斥着大量不健康的内容。 |
| 8 | 延伸 | yánshēn | 动 | 延长，伸展。<br>◎ 技术延伸/经营项目延伸 |
| 9 | 紊乱 | wěnluàn | 形 | 杂乱，纷乱。<br>◎ 秩序紊乱/思路紊乱/精神紊乱 |
| 10 | 削弱 | xuēruò | 动 | 减弱。<br>◎ 力量削弱/实力削弱 |
| 11 | 维系 | wéixì | 动 | 维持并联系。<br>◎ 维系感情/维系人心 |
| 12 | 滞销 | zhìxiāo | 动 | 货物不易售出，销路不畅。<br>◎ 小家电目前属于滞销产品，经营状况不景气。 |
| 13 | 乏力 | fálì | 动 | 身体疲倦，没有力气；没有能力。<br>◎ 他希望依靠自己的力量解决问题，却无奈经营乏力。 |

| | | | | |
|---|---|---|---|---|
| 14 | 仰仗 | yǎngzhàng | 动 | 倚仗，依靠。<br>◎ 小公司完全仰仗大公司帮助是没有出路的。 |

## 第2步 问题预览 阅读前请用 1 分钟浏览这些问题

1. 课文第一段告诉我们一件什么事？
2. 王麻子品牌始创于什么时候？
3. 王麻子剪刀厂经营得怎么样？
4. 王麻子剪刀厂为什么申请破产？
5. 在品牌维护上王麻子剪刀存在什么问题？
6. 作者认为，北京王麻子剪刀厂在哪方面犯下了严重的错误？
7. 在品牌创新上王麻子剪刀做得怎么样？
8. 在品牌延伸上王麻子剪刀存在什么问题？
9. 在品牌传播上王麻子剪刀存在什么问题？
10. 你认为王麻子剪刀破产的主要原因是什么？

## 第3步 快速阅读 快速阅读课文，回答第 2 步的问题

### “王麻子”破产的品牌解析

（字数：745　参考时间：5 分钟）

2003 年 1 月 23 日，中国著名品牌、创始于清朝顺治八年（1651 年）的老字号、在中国剪刀市场一直占据半壁江山的北京王麻子剪刀厂，向法院申请破产。

根据相关审计资料，截止到 2002 年 5 月 31 日，北京王麻子剪刀厂资产总额 1283.66 万元，负债总额为 2779.98 万元，资产负债率为 216.6%。王麻子剪刀厂无奈之余被迫申请破产以求还债。

北京王麻子剪刀鼎盛时期每月生产 7 万把，破产时全年不到 10 万把。在王麻子品牌依然闪亮的光环中，品牌拥有者竟然宣布破产还债，其深层原因何在？

1. 品牌维护乏术

造假者致使大量假货充斥市场，而王麻子没有在打假这一品牌维护重点环节上投入力量，致使王麻子品牌形象严重受损。

在品牌继承这一点上，北京王麻子剪刀厂也犯下了不可原谅的错误。在2002年4月4日北京市工商局公布的重新认定的173件北京市著名商标中，老字号王麻子因没有申报而未能入选。

2. 品牌创新缺乏

1959年北京市人民政府正式命名成立王麻子剪刀厂后，产品曾一度远销港澳地区及东南亚各国。但随着市场经济的到来，品牌缺乏创新意识，新产品开发速度过慢，难以跟上市场的步伐。

3. 品牌延伸错误

1995年，王麻子剪刀厂与北京市文教器材厂等不相干的十几个厂子合并成立了王麻子工贸集团公司，并重新注册了王麻子商标，而合并后的王麻子新老商标使用紊乱，市场上王麻子产品杂乱无章，造成品牌资产的严重分流和破坏，削弱了消费者对王麻子品牌的忠诚维系，直接导致产品滞销，仅合并当年就亏损100多万元。

1999年，王麻子工贸集团中的王麻子剪刀厂及另外三家厂子又被合并划归为北京昌平区的区属企业，因为王麻子工贸集团注册在先，真正王麻子的传人竟只能重新注册“栎昌王麻子”商标。

4. 品牌传播乏力

由于经营不善，近几年来，王麻子的品牌宣传少得可怜，总共投入也不过区区几万元。单纯仰仗百年品牌积淀的福祉，仅凭一些老人的口碑传播，知名度无法不呈降低的趋势。

## 第4步 仔细阅读　仔细阅读课文，完成下列练习

### 一 结合课文内容解释词语

1. 半壁江山

2. 不相干

### 二 根据课文内容判断正误

(　　) 1. 王麻子剪刀厂始建于清朝顺治八年（1651年）。

(　　) 2. 2002年，王麻子剪刀厂就已经破产。

(　　) 3. 王麻子剪刀厂破产时全年生产量不到鼎盛时期的八分之一。
(　　) 4. 市场上有很多假冒王麻子剪刀的产品。
(　　) 5. 王麻子剪刀申请了北京市著名商标。
(　　) 6. 王麻子剪刀曾远销港澳地区及东南亚各国。
(　　) 7. 由于合并，提高了王麻子的品牌知名度。
(　　) 8. 王麻子品牌很少进行广告宣传。

## 三　选择合适的词语填空

紊乱　　注册　　导致　　造成

1995 年，王麻子剪刀厂与北京市文教器材厂等不相干的十几个厂子合并成立了王麻子工贸集团公司，并重新______了王麻子商标，而合并后的王麻子新老商标使用______，市场上王麻子产品杂乱无章，______品牌资产的严重分流和破坏，削弱了消费者对王麻子品牌的忠诚维系，直接______产品滞销，仅合并当年就亏损 100 多万元。

## 四　根据课文内容填空（每空填一个汉字）

王麻子剪刀具有悠久的历史，在鼎______时期，曾经占______中国剪刀市场的半壁江山，在百姓中有着很好的口______。可是随着市场经济的到来，由于经营______术，使得假冒产品充______市场，慢慢地就在老百姓中失去了信誉，产品滞销，企业负______，最后导致破产。

## 第 5 步　深入理解　深入理解课文，完成下列练习

## 五　请分析一下这篇课文的结构

## 六　讨论

谈谈你对王麻子破产的原因的看法。

## 注释

### 1. 犯下了不可原谅的错误

表示错误的严重性。也可以说“犯下了不可饶恕的错误”。例如：

（1）在品牌继承这一点上，北京王麻子剪刀厂也犯下了不可原谅的错误。

（2）泄露商业机密被老板看成是犯下了不可饶恕的错误。

### 2. 因……而未能……

这是表示因果关系的紧缩复句。一般用在书面语中。例如：

（1）在2002年4月4日北京市工商局公布的重新认定的173件北京市著名商标中，老字号王麻子因没有申报而未能入选。

（2）最终双方因意见存在分歧而未能签署合作协议。

### 3. 难以跟上……步伐

表示因为某种原因而落后。例如：

（1）随着市场经济的到来，该品牌缺乏创新意识，新产品开发速度过慢，难以跟上市场的步伐。

（2）不解放思想，就难以跟上时代的步伐。

# 18 海尔保护品牌的举措

## 第1步 词语热身 阅读前请熟悉这些词语

| | | | | |
|---|---|---|---|---|
| 1 | 问世 | wènshì | 动 | （产品等）首次出现。<br>◎ 这种产品一问世就受到了用户的欢迎。 |
| 2 | 市场占有率 | shìchǎng zhànyǒulǜ | | 占有市场的比率。<br>◎ 这款手机问世一年来，市场占有率一直在60%以上。 |
| 3 | 业绩 | yèjì | 名 | 工作的成绩。<br>◎ 我们要对业绩突出的人进行奖励。 |
| 4 | 协议 | xiéyì | 动/名 | 协商。也指通过协商取得的一致意见。<br>◎ 通过协议，双方达成了共识。 |
| 5 | 研发 | yánfā | 动 | 研究并开发。<br>◎ 研发中心 / 研发项目 |
| 6 | 模式 | móshì | 名 | 某种实物的标准样式或使人能够照着做的标准样式。<br>◎ 商业模式 / 经营模式 / 发展模式 |
| 7 | 委托 | wěituō | 动 | 请人代办。<br>◎ 你不在时可以委托朋友帮忙处理一下。 |
| 8 | 面世 | miànshì | 动 | 出现。<br>◎ 这种产品刚刚面世就受到了消费者的欢迎。 |
| 9 | 染指 | rǎnzhǐ | 动 | 分取不该得的好处，也比喻插手或参与自己分外的某种事情。<br>◎ 他们在这个领域一直处于霸主地位，其他同类企业不敢染指。 |
| 10 | 诉讼 | sùsòng | 名 | 司法机关在案件当事人和其他有关人员的参与下，按照法定程序解决案件时所进行的活动。俗称打官司。<br>◎ 交通事故案件因缺乏诚信致使诉讼增多，给多方都带来很多不必要的麻烦。 |
| 11 | 质疑 | zhìyí | 动 | 提出疑问。<br>◎ 他们对该产品的质量提出质疑。 |
| 12 | 申诉 | shēnsù | 动 | 诉讼当事人或其他公民对已发生效力的判决或裁定不服时，依法向法院提出重新审理的要求。<br>◎ 如果对判决结果不服，可以在十日内向当地法院提出申诉。 |

**13** 制高点 zhìgāodiǎn 名 高处可以控制对方的地位。
◎ 占领学术的制高点，对医生来说意味着要掌握最前沿的医疗技术。

## 第2步 问题预览 阅读前请用1分钟浏览这些问题

1. 海尔的“小小神童”洗衣机是否有人仿造？为什么？
2. 海尔是怎样学会保护知识产权的？
3. 海尔集团的三位一体研发模式是什么？
4. “没有专利申请，新技术研发就没有结束”的意思是什么？
5. 海尔是怎样用知识产权保护创新成果来促进产品创新的？
6. 海尔发明的抽屉式“迈克”冷柜，在美国遭遇到了什么？
7. 课文中谈到知识产权保护有几方面内容？
8. “双动力”洗衣机面世以后市场情况如何？
9. 谈谈自主创新和知识产权保护的重要性。
10. 为什么说自主创新和知识产权保护是两把利剑？

## 第3步 快速阅读 快速阅读课文，回答第2步的问题

### 海尔保护品牌的举措

（字数：818 参考时间：5分钟）

每当一种产品热销，必定会有若干企业仿造。这似乎成了一种社会现象。但是，海尔当年开发的“小小神童”洗衣机却是个例外。这个产品自1996年问世至今市场占有率一直在98%以上，销售业绩已超过500多万台。这样热销的产品为何没有被其他企业仿造？原来，是海尔用26项专利将生产这款产品的技术方案完整地保护起来。

1984年，海尔从德国利勃海尔引进冰箱生产技术，按协议，每一台冰箱就要支付对方1马克知识产权费用。这是德国人给海尔上的保护知识产权的第一课。1992年，海尔集团正

式成立了知识产权办公室，并在实践中总结出了“面向市场需求、采取针对研发、及时进行成果保护”的三位一体研发模式，提出“没有专利申请，新技术研发就没有结束”，即每一项技术创新方案至少要申请一项专利，确保技术成果受到法律保护。

海尔用知识产权保护创新成果，来促进产品创新。2001 年，为改善洗衣机的洗净度，海尔确定采用“双动力”方式。这一方案的难点是“双动力”电机，当时国内无法解决。他们通过专利检索，发现韩国一家公司曾生产过类似的产品。于是，他们委托韩国的这家公司开发电机，与此同时，海尔又撰写专利文件，将韩国那家公司开发的电机也包括在海尔的专利保护范围内。电机开发成功，“双动力”洗衣机面世，仅 3 年时间便在国内市场销售 100 多万台，并大批进入美国、日本等发达国家市场。

海尔发明的抽屉式“迈克”冷柜，在美国刚上市的头 5 个月就卖了 71,000 台。当地的几家家电企业眼红了，但因为海尔申请了国际专利，他们无法染指。于是，他们又以这些冷柜没有标准为由，对海尔提起诉讼。按当地法律，产品只要受到质疑，必须马上停止销售。尽管美国海尔公司向美国家电协会申诉，冷柜重新上市，但时间已过去了 8 个月。这个时间，让海尔集团的决策者们深深认识到，在强调用专利保护创新成果的同时，还应该重视知识产权的另一个内容——技术标准。从此，海尔开始关注各类标准的制定。

海尔用自主创新和知识产权保护这两把利剑，从产品到市场，保护品牌，一步一步走上全球竞争的制高点。

## 第4步 仔细阅读　仔细阅读课文，完成下列练习

### 一　根据上下文为画线词语选择最合适的解释

1. 这样热销的产品为何没有被其他企业仿造？

   A. 销售得十分火热　　B. 热热闹闹地销售　　C. 趁热销售

2. 1992 年，海尔集团正式成立了知识产权办公室，并在实践中总结出了“面向市场需求、采取针对研发、及时进行成果保护”的三位一体研发模式。

   A. 三个人形成一个整体　　B. 三个组合成一个整体　　C. 三个人在一起

3. 当地的几家家电企业眼红了，但因为海尔申请了国际专利，他们无法染指。
A. 眼睛红了　　B. 得了一种病　　C. 羡慕

## 二 根据课文内容判断正误

（　　）1. 从文中我们可以看出，海尔保护知识产权是成功的。
（　　）2. 海尔开发的“小小神童”洗衣机没有被仿造是因为市场占有率很高。
（　　）3. 德国人曾经给海尔集团讲了一堂知识产权保护课。
（　　）4. 海尔生产的“双动力”洗衣机自面世以来每年在国内市场都销售 100 多万台。
（　　）5.“双动力”洗衣机的电机专利是韩国的。
（　　）6. 海尔发明的抽屉式“迈克”冷柜，在美国上市后的第 5 个月卖了 71,000 台。
（　　）7. 海尔发明的抽屉式“迈克”冷柜在美国被迫停止销售 8 个月。
（　　）8. 技术标准是知识产权的一部分重要内容。

## 三 选择合适的词语填空

1. 每当一种产品热销，（1）会有若干企业（2）。这似乎成了一种社会现象。但是，海尔当年开发的“小小神童”洗衣机却是个（3）。
2. 按当地法律，产品只要受到（4），必须马上停止销售。尽管美国海尔公司向美国家电协会（5），冷柜重新上市，但时间已过去了 8 个月。

（1）A. 必定　　B. 必须　　C. 必要
（2）A. 仿照　　B. 仿造　　C. 模仿
（3）A. 意外　　B. 例子　　C. 例外
（4）A. 质疑　　B. 质问　　C. 疑问
（5）A. 申诉　　B. 投诉　　C. 告诉

## 四 根据课文内容填空（每空填一个汉字）

海尔产品自____世以来，就很受消费者欢迎，一直保持着很高的市场占有率。为了保护品牌免受侵____，海尔每次研发了新产品都首先申请技术专利，从而保护品牌不被造假者染____。就这样一步一步使海尔的产品最终在市场上占据了制高____。

## 第5步 深入理解　深入理解课文，完成下列练习

### 五 概括课文第 2 段的主要意思

### 六 任务

查找关于海尔保护品牌的相关资料。

## 注释

### 1. 必定……，但是……，原来……

表示先推断出一种现象或事实，紧接着给出一个反面现象或事实，最后解释出现这种现象或事实的原因。例如：

（1）每当一种产品热销，必定会有若干企业仿造。这似乎成了一种社会现象。但是海尔当年开发的“小小神童”洗衣机却是个例外。这个产品自 1996 年问世至今市场占有率一直在 98% 以上，销售业绩已超过 500 多万台。这样热销的产品为何没有被其他企业仿造？原来，是海尔用 26 项专利将生产这款产品的技术方案完整地保护起来。

（2）经济危机必定会给本国的经济带来致命的伤害，但是中国是个例外，原来是中国人的储蓄观念跟其他国家不一样。

### 2. 以……为由

找一个借口，也可以说“以……为借口”。例如：

（1）他们又以这些冷柜没有标准为由，对海尔提起诉讼。

（2）她以产品型号不符为由，拒绝了推销。

# 19 品牌风险的防范

## 第1步 问题预览 阅读前请用1分钟浏览这些问题

1. 品牌资产的价值如何？
2. 为什么说品牌的安全就是企业的安全？
3. 防范品牌风险的重要性是什么？
4. 做好品牌命名，有哪些要求？
5. “2000”、“千禧年” 和 “米卢” 几个品牌好不好？为什么？
6. 企业品牌的命名在时间上应该注意什么？在空间上应该注意什么？
5. “美加净（MAXAM）”、“联想（LEGEND）”、“海信（HISENSE）”、“方正（FOUNDER）” 等品牌的名字好在哪里？
8. 进行品牌注册应该从哪几方面考虑？
9. 提升品牌文化含量的意义是什么？
10. 请分别说说 “万宝路”、“迪斯尼” 等品牌的文化内涵。

## 第2步 快速阅读 快速阅读课文，回答第1步的问题

### 品牌风险的防范

（字数：840 参考时间：5分钟）

当今时代是一个被品牌包围的时代。品牌已经构成了企业的巨额资产。在有些企业里，品牌资产甚至已经超过了企业的实物资产。所以，品牌的安全就是企业的安全。当品牌风险产生时，企业的持续经营和发展就面临着严重的威胁。因此，防范品牌风险，保障品牌安全，在企业运作中具有重要意义。下面向你介绍几种防范品牌风险的措施。

第一，做好品牌命名。品牌命名要求做到易读、易记、易传播、易引起消费者积极、正

面的联想。同时，还要求品牌命名必须能超越时空，既能反映不同时代的不同要求，又能适应不同的文化环境。所以，在人类跨越2000年的时候，一些企业抢注“2000”和“千禧年”的品牌；在米卢率领中国足球队冲出亚洲后，一些企业抢注“米卢”，而这些品牌特定的时间限制决定了它们不可能成为百年品牌。从空间的角度来说，在经济国际化的背景下，企业的品牌命名一定要考虑国际市场的要求。一些企业在这方面已作了很好的尝试，在进行中文命名时就同时选择一个恰当的英文命名，如“美加净（MAXAM）”、“联想（LEGEND）”、“海信（HISENSE）”、“方正（FOUNDER）”等。这些品牌名称不仅在中文里含义美好，在英文里也能给人以积极、正面的联想，所以对企业走向国际市场必然能起到巨大的促进作用。

第二，进行品牌注册，做好品牌防护。不仅在国内注册，而且在国外注册；不仅对现在所从事的行业注册，也对尽管现在没做但将来准备进入的行业注册；不仅对品牌本身注册，也对与品牌相同或相近的名称，如娃哈哈、哈哈娃、娃娃哈之类进行注册；不仅对品牌名称注册，也对作为品牌重要组成部分的品牌标志、图案，甚至特定的色彩进行注册，从而构筑一个全方位的品牌防护体系。

第三，提升品牌的文化含量，塑造品牌独特的核心价值。品牌的一半是文化，品牌的吸引力主要体现在品牌所代表的文化观念和形象上。“万宝路”的魅力正是源于它代表的自由、奔放的牛仔形象，“可口可乐”正是靠其独特的可乐文化而风靡世界，“迪斯尼”通过创造欢乐使无数的消费者为之倾倒。独特的品牌文化构成了品牌独特的个性，形成了吸引消费者并为之倾倒的根本。

## 第3步 仔细阅读　仔细阅读课文，完成下列练习

### 一 结合课文内容理解句中的画线词语

1. 在有些企业里，品牌资产甚至已经超过了企业的<u>实物资产</u>。

2. 在人类跨越2000年的时候，一些企业<u>抢注</u>“2000”和“千禧年”的品牌。

3. “可口可乐”正是靠其独特的可乐文化而风靡世界，“迪斯尼”通过创造欢乐使无数的消费者为之<u>倾倒</u>。

### 二 根据课文内容选择正确答案

1. 关于品牌命名的要求，以下哪项文中没有提到？

A. 易读易记　　　B. 易写易懂　　　C. 易传播

2. 从空间的角度来说，给企业起名字时应该考虑什么？
   A. 地理位置　　　　B. 国际市场的要求　　　　C. 经营范围

3. 构筑一个全方位的品牌防护体系应该包括的内容有哪些？
   A. 地域范围、所从事的行业、与品牌相关联的名称和标志及图案、色彩
   B. 地域范围、所从事的行业、地理标志
   C. 地域范围、与品牌相关联的名称和标志及图案、色彩、美誉度

**三　以“当品牌风险产生时，企业的持续经营和发展就面临着严重的威胁”开头，根据课文内容续写**

## 第4步　深入理解　深入理解课文，完成下列练习

**四　讨论**

1. 你认为在什么情况下，品牌资产会超过企业的实物资产？
2. 请你说说还有哪些保护品牌的办法。

## 注释

### 从……角度来说

站在某一立场分析问题。例如：

（1）从空间的角度来说，在经济国际化的背景下，企业的品牌命名一定要考虑国际市场的要求。

（2）从健康的角度来说，油炸食品要少吃。

# 20 百年老店同仁堂

## 第1步 问题预览 阅读前请用1分钟浏览这些问题

1. 同仁堂始建于什么时候？
2. 同仁堂产品的特点是什么？
3. 同仁堂“金字招牌”长盛不衰的原因是什么？
4. 历代同仁堂人坚持的制药特色是什么？
5. 国家工商局授予了同仁堂什么称号？
6. 为什么同仁堂的纯种乌鸡质地纯正、气味醇鲜？
7. 根据第7段回答，上个世纪同仁堂采取了哪些便民措施？
8. 同仁堂的企业精神概括起来是什么？
9. 说说同仁堂在海外开店的情况。
10. 说说同仁堂台北店的情况。

## 第2步 快速阅读 快速阅读课文，回答第1步的问题

### 百年老店同仁堂

（字数：1408 参考时间：8分钟）

提起中药，许多人都会不约而同想到“同仁堂”三个字。这家国内最负盛名的老药铺，创建于1669年。历经数代、载誉300余年的北京同仁堂，如今已发展成为跨国经营的大型国有企业——同仁堂集团公司。其产品以其传统严谨的制药工艺、显著的疗效享誉海内外。

同仁堂何以名满天下？

“吃同仁堂的药放心。”年过八旬的王大爷深有感触：“北京闹‘非典’的时候，我来这儿配一副预防的中药。等了老半天都拿不到，开始大伙儿都埋怨，还以为是他们要留着涨价。后来才知道是人家为了等到合格的原料到货后才给配药。就仗着这份仁义，同仁堂就能

做天大的生意！”

同仁堂历经沧桑，“金字招牌”长盛不衰，在于同仁堂人注重把崇高的精神、把中华民族的传统文化和美德，熔铸于企业的经营管理之中，并化为员工的言行，形成了具有中药行业特色的企业文化系统。“质量”与“服务”是同仁堂金字招牌的两大支柱，坚持质量第一、一切为了患者是同仁堂长盛不衰的最根本原因。

历代同仁堂人坚持“配方独特、选料上乘、工艺精湛、疗效显著”四大制药特色，生产出了众多疗效显著的中成药。创业至今，共获得 60 多项荣誉。1989 年，国家工商局将全国第一个“中国驰名商标”称号授予了同仁堂，使同仁堂成为迄今为止在全国中医药行业唯一取得“中国驰名商标”称号的企业。

三百多年来，同仁堂为了保证药品质量，坚持严把选料关。在过去，北京同仁堂为了供奉御药，也为了取信于顾客，建立了严格选料用药的制作传统，保持了良好的药效和信誉；新中国成立后，同仁堂除严格按照国家明确规定的上乘质量用药标准外，对特殊药材还采用特殊办法以保证其上乘的品质。例如，制作乌鸡白凤丸的纯种乌鸡由北京市药材公司在无污染的北京郊区专门饲养，饲料、饮水都严格把关，一旦发现乌鸡的羽毛骨肉稍有变种蜕化即予以淘汰。这种精心喂养的纯种乌鸡质地纯正，气味醇鲜，其所含多种氨基酸的质量始终如一，保证了乌鸡白凤丸的质量标准。

服务至上是同仁堂的宗旨。代顾客煎药是药店的老规矩，冬去春来，尽管煎药岗位上的操作工换了一茬又一茬，但从未间断，也从未发生任何事故。如在 1985 年，当时每煎一服药就要赔 5 分钱，但药店为方便群众，把这一服务于民的做法坚持了下来。现在药店平均每年要代顾客煎药近 2 万服，此举深受患者和顾客欢迎。早在 20 世纪二三十年代，同仁堂就有了邮购业务的雏形，1949 年后成立了邮寄部，对各地患者有信必答、有求必应，深得人心。1954 年同仁堂设立了咨询服务台，为患者介绍适应症的药品，解答顾客提出的各种问题，半个世纪以来接待了上千万人次。

若用一句话概括同仁堂的企业精神，那就是：同修仁德，济世养生。

在市场经济的竞争环境中，同仁堂始终认为“诚实守信”是对一个企业最基本的职业道德要求，讲信誉是商业行为最根本的准则。

在许多老北京人眼里，同仁堂的命脉就在这个“仁”上。

北京人买药，爱进同仁堂；外地人到北京旅游观光，也爱到同仁堂看看这百年老店。如今同仁堂在其落户的九个海外国家和地区，几乎都是当地最大的中药店，而且装潢讲究，体现出中华传统中医药文化的气息。在台北新店里，有不少顾客感言："来这里买药，能感受到中华文化的魅力，特别是其中这些历史和文化展区，看起来就像一个中药文化博物馆。"作为一个生产中药产品的中华老字号，同仁堂将海外开店、中医药史展示、中医坐诊与售药相结合，通过给消费者一个直接了解中药的环境，增强其对中药的信任和培养其用药习惯。它带给消费者的不只是一种产品，而是一种文化——重义、爱人、厚生的文化。

## 第3步 仔细阅读　仔细阅读课文，完成下列练习

### 一 结合课文内容理解句中的画线词语

1. 同仁堂何以名满天下？
2. 就仗着这份仁义，同仁堂就能做天大的生意！

### 二 根据课文内容选择正确答案

1. 提起中药，许多人都会不约而同想到"同仁堂"三个字。以下哪一项不是其原因？
   A. "同仁堂"有传统严谨的制药工艺
   B. 名声享誉海内外
   C. 在抗击"非典"时，因为药好而涨了价
2. 同仁堂是一家什么企业？
   A. 生产中药　　B. 销售中药　　C. 既生产中药又销售中药
3. 为什么王大爷对同仁堂深有感触？
   A. 因为同仁堂做生意仁义
   B. 因为同仁堂在"非典"时作了很大的贡献
   C. 因为在同仁堂很难拿到药
4. 同仁堂金字招牌的支柱是什么？
   A. 质量和服务　　B. 质量和信誉　　C. 信誉和服务

### 三 请找出反映同仁堂"仁"的词语或句子

## 第4步 深入理解 深入理解课文，完成下列练习

### 四 讨论

1. 说说同仁堂的企业精神“同修仁德，济世养生”的含义。

2. 通过学习本课，你对同仁堂的“仁”有哪些体会？请说一说。

## 注释

### 1. 在于

取决于；决定于。例如：

（1）同仁堂历经沧桑，“金字招牌”长盛不衰，在于同仁堂人注重把崇高的精神、把中华民族的传统文化和美德，熔铸于企业的经营管理之中，并化为员工的言行，形成了具有中药行业特色的企业文化传统。

（2）留在中国继续深造还是回国发展在于你自己的目标选择。

### 2. 尽管……但……也……

表示“尽管”表示姑且承认某种事实，下文“但”与它呼应，表示转折关系。例如：

（1）尽管煎药岗位上的操作工换了一茬又一茬，但从未间断，也从未发生任何事故。

（2）尽管相隔万里，但他们之间的联系一直没有间断过，也未影响彼此的感情。

## 阅读指导

### 记忆词汇的方法之五：联想法

围绕一个主题展开想象，进行发散性思维，有时也称“头脑风暴法”。例如：想到“品牌”，自然而然地就想到“商标、市场占有率、销售业绩”等词汇。想到“业绩”就会想到“畅销”或者“滞销”，如果“滞销”就可能会“负债”，进而是“资产负债率”。想到“商标”就会想到商标的“维护、注册、口碑”等。这样通过联想式的记忆模式，词汇不再是孤零零的个体，而是融入了一个集合中，变得活起来，自然比死记的效果好得多。

## 休闲阅读

### 如果你有梦想

如果别人工作你也工作，别人休息你也休息，别人娱乐你也娱乐，那么别人得到什么，你也只能得到什么。要想得到别人得不到的东西，就得付出别人不愿意付出的东西。尤其是在你年轻的时候，还有机会竞争的时候。

如果你有梦想，就果断地付出努力吧，别让自己在年老时后悔。

# 6 调查报告篇



**单元导学与任务**

本单元是关于中华老字号的调查报告。调查报告是对某项工作、某个事件、某个问题，经过深入细致的调查后，系统整理分析研究的一种文体。学习本单元，请完成下面的任务：

1. 查找资料了解调查报告的类型和写作格式。
2. 上网或向当地人了解一下你所在的城市有哪些老字号，他们经营得怎么样。并谈谈你对经营老字号的看法。
3. 与同学交流一下，你们国家的老字号经营得怎么样？有什么可以借鉴的经验？

# 21 北京市餐饮业中华老字号调查报告（一）：目的及背景

## 第1步 词语热身 阅读前请熟悉这些词语

| | | | | |
|---|---|---|---|---|
| 1 | 认同 | rèntóng | 动 | 承认，认可。<br>◎ 对你提出的观点我完全认同，但是实施前还需要作充分的市场调研。 |
| 2 | 没落 | mòluò | 动 | 从衰败走向灭亡。<br>◎ 很多老字号企业在经营中日趋没落的原因是没有创新。 |
| 3 | 瓶颈 | píngjǐng | 名 | 起阻碍作用的地方。<br>◎ 人力资源匮乏成为了企业发展的瓶颈。 |
| 4 | 造就 | zàojiù | 动 | 培养使有成就。<br>◎ 改革开放造就了一大批成功的企业和品牌。 |
| 5 | 正当 | zhèngdāng | 动 | 正处在某个时期或阶段。<br>◎ 正当他想做一番事业时，生活突然发生了变故。 |
| 6 | 侵害 | qīnhài | 动 | 侵入而损害。<br>◎ 假冒伪劣商品严重侵害了消费者权益。 |
| 7 | 破产 | pòchǎn | 动 | 债务人不能偿还债务时，法院根据本人或债权人的申请，作出裁定，把债务人的财产变价归还给债主，其不足之处不再偿付。<br>◎ 在经营不善的情况下，企业只好申请破产还债。 |
| 8 | 倒闭 | dǎobì | 动 | 工厂、商店等因亏本而停业。<br>◎ 这家酒店刚开业没几天，就倒闭了。 |
| 9 | 兼并 | jiānbìng | 动 | 把别人的财产并为己有。<br>◎ 通过兼并重组，企业又走出了困境。 |
| 10 | 关停并转 | guān tíng bìng zhuǎn | | 企业经营中的四种情况。“关”指关门倒闭；“停”指停产、停业；“并”指兼并；“转”指转行。<br>◎ 通过关停并转的整顿，一部分企业又有了新的发展生机。 |
| 11 | 凝结 | níngjié | 动 | 把心血、力量等凝聚在一方面。<br>◎ 这个奖杯凝结着公司全体员工的心血。 |
| 12 | 迫在眉睫 | pò zài méi jié | | 比喻事情临近眼前，十分紧迫。<br>◎ 技术创新是我们企业迫在眉睫的事情。 |

## 第2步　问题预览　阅读前请用 1 分钟浏览这些问题

1. 中华老字号的定义是什么？
2. 老字号具有什么价值？
3. 本次调查的目的是什么？
4. 老字号现在的经营状况如何？
5. 北京市政府是从什么时候展开复兴老字号工作的？
6. 北京市政府是如何保护老字号的？
7. 为什么北京市政府要通过立法保护京城传统的老字号店铺？
8. 老字号受到了什么侵害？
9. 中华老字号企业经营面临什么危机？
10. 为什么说保护老字号、拯救老字号已经迫在眉睫？

## 第3步　快速阅读　快速阅读课文，回答第 2 步的问题

### 北京市餐饮业中华老字号调查报告（一）：目的及背景

（字数：850　参考时间：5 分钟）

所谓的中华老字号是指具有展示中华民族文化创造力的价值，具有鲜明的中华民族传统文化背景，拥有世代相承的独特工艺或经营特色，且技术出众，取得了广泛认同和良好商业信誉的企业和（或）产品品牌。老字号具有悠久的历史、丰富的文化内涵，更具有巨大的无形价值。然而由于种种原因，近年来许多老字号企业经营不善，频频破产，让人痛心。为了充分了解中华老字号企业的经营情况，了解中华老字号的商标使用情况和品牌发展情况，我们进行了北京市餐饮业中华老字号企业调查。

## 一、调查的目的

第一，熟悉中华老字号企业的经营模式，了解企业内部的商标管理情况。

第二，探寻中华老字号企业成功的经验，分析中华老字号没落的原因，了解企业发展的瓶颈。

第三，调查中华老字号的品牌价值，了解企业商标的经营和发展。

## 二、调查的背景

第一，保护老字号已经成为北京市政府的一项重要工作。自 2002 年 7 月以来，北京市政府展开全面复兴老字号的工作，对于那些发展前景好的，政府给予政策优惠、资金支持等扶持。

第二，北京市政府通过立法保护京城传统的老字号店铺。“老字号”百年来成功的经营经验和历年造就的“老字号”商号本身，有着极大的价值。但一些“老字号”经常受到其他市场主体的不正当侵害，“老字号”的商标、商号被滥用、盗用的情况时有发生，一些不够“老字号”标准的企业借着“老字号”名义大做广告，对真正的“老字号”的产品信誉和厂商信誉造成不利的影响，严重阻碍了“老字号”企业本身的健康发展。

第三，中华老字号企业经营面临危机，部分老字号正在消失。中华老字号企业破产、倒闭、兼并、收购的消息不断传来，“王麻子”宣布破产，“同仁堂”入主“狗不理”，天兴居已经成为历史的记忆，在国外很有影响力的中华老字号小肠陈、户部街老马家烧羊肉和褡裢火烧经营情况也不容乐观……随着市场经济大潮的关停并转，北京市百年以上的食品老字号原来近百家，现在仅有 20 多家了。

老字号凝结着民族精神、历史文化和地理属性，老字号的消失，也是一种历史文化的消失，保护老字号、拯救老字号已经迫在眉睫。

本次调查正是在上述背景下进行的。

## 第4步 仔细阅读 仔细阅读课文，完成下列练习

### 一 结合课文内容解释词语

1. 市场主体

2. 入主

### 二 根据课文内容判断正误

(　　) 1. 这是一份针对北京市餐饮业中华老字号企业的调查报告。

(　　) 2. 中华老字号企业有的没落了，也有的成功了。
(　　) 3. 北京市政府对于那些发展前景好的老字号企业给予政策优惠、资金支持等扶持。
(　　) 4. 现在经常有侵害“老字号”的情况发生。
(　　) 5. 中华老字号“狗不理”收购了“同仁堂”。
(　　) 6. 老字号天兴居已经不存在了。
(　　) 7. 中华老字号小肠陈、户部街老马家烧羊肉和褡裢火烧的经营状况还算乐观。
(　　) 8. 北京市百年食品老字号现仅存 20 多家了。

## 三 选择合适的词语填空

1. 自 2002 年 7 月以来，北京市政府展开全面复兴老字号的工作，对于那些发展＿（1）＿好的，政府给予政策＿（2）＿、资金支持等扶持。

2. 一些“老字号”经常＿（3）＿其他市场主体的不正当侵害，“老字号”的商标、商号被滥用、盗用的情况时有发生，一些不够“老字号”标准的企业借着“老字号”名义大做广告，对真正的“老字号”的产品信誉和厂商信誉＿（4）＿不利的影响，严重阻碍了“老字号”企业本身的健康发展。

（1）A. 光景　　B. 风景　　C. 前景
（2）A. 优惠　　B. 优待　　C. 恩惠
（3）A. 受到　　B. 得到　　C. 遭到
（4）A. 形成　　B. 造成　　C. 构成

## 四 根据课文内容填空（每空填一个汉字）

中华老字号具有鲜明的中华民族传统文化背景和极强的创＿＿力，拥有世代相传的独＿＿工艺，被广大消费者所＿＿同。但是在新时期，由于受到假冒伪劣产品的侵＿＿，企业面临巨大困境，有的甚至面临破＿＿和倒闭的危险局面。保护和拯救老字号，已经迫在眉＿＿。

# 第 5 步　深入理解　深入理解课文，完成下列练习

## 五 根据这篇课文，总结一下调查报告的开头部分包括哪几方面的内容

## 六 讨论

谈谈保护老字号的必要性。

## 注释

### 具有……具有……拥有……且……

这个结构用于描述事物的特征，用于书面语。例如：

（1）所谓的中华老字号是指具有展示中华民族文化创造力的价值，具有鲜明的中华民族传统文化背景，拥有世代相承的独特工艺或经营特色，且技术出众，取得了广泛认同和良好商业信誉的企业和（或）产品品牌。

（2）世界一流大学是指具有广泛的世界影响力，具有良好的教育品牌，拥有一流的教育设备和师资，且造就出大批人才的高等学校。

# 22 北京市餐饮业中华老字号调查报告（二）：基本情况

## 第1步 词语热身 阅读前请熟悉这些词语

1 写照 xiězhào 名 真实的刻画、描写。也指画的人物形象。
◎ 小说中的主人公就是作者本人的真实写照。

2 立足 lìzú 动 站住脚，能生存下去。
◎ 他在城里生活了三年，现在总算有了立足之地了。

3 改制 gǎi//zhì 动 改变政治、经济等制度。
◎ 企业改制以后，原来的国有制变成了股份制。

4 整合 zhěnghé 动 调整组合。
◎ 企业经过重新整合，现在又焕发了青春。

5 隶属 lìshǔ 动 受管辖，从属。
◎ 北京语言大学隶属于中国国家教育部。

6 享誉 xiǎngyù 动 享有美好的名誉。
◎ 这是一个享誉海内外的大企业。

7 作坊 zuōfang 名 手工业工厂。
◎ 老字号企业还有很多是手工作坊的形式。

8 亏损 kuīsǔn 动 支出超过收入。
◎ 企业连年亏损，导致最终破产。

9 商标 shāngbiāo 名 一种商品表面或包装上的标志、记号，使这种商品和同类的其他商品有所区别。
◎ 商标是一个企业的重要标志。

10 商号 shānghào 名 商店。
◎ 这家商号已经有上百年历史了。

## 第2步 问题预览 阅读前请用1分钟浏览这些问题

1. 人们心中的中华老字号具有什么价值？

2. 头戴“马聚源”，脚踩“内联升”，身穿“瑞蚨祥”，腰缠“四大恒”。请猜一猜引号中这些企业是经营什么的。
3. 新中国成立初期，中华老字号有多少家？都涉及哪些行业？
4. 1990 年原商业部评定的中华老字号有多少家？经营情况怎么样？
5. 根据调查，杭州的 120 余家“老字号”经营得怎么样？
6. 说说北京餐饮业老字号企业经过改制和整合以后的情况。
7. 没有改制和整合的中华老字号经营状况怎么样？
8. 说说聚德华天控股有限公司的商标使用情况。
9. 小作坊式经营的个体老字号的商标使用情况怎么样？
10. 老字号被认定为驰名商标的情况多吗？有哪些老字号获得了驰名商标称号？

## 第3步 快速阅读 快速阅读课文，回答第 2 步的问题

### 北京市餐饮业中华老字号调查报告（二）：基本情况

（字数：935　参考时间：6 分钟）

#### 三、基本情况

中华老字号在人们心中具有很高的品牌价值。然而，头戴“马聚源”，脚踩“内联升”，身穿“瑞蚨祥”，腰缠“四大恒”，北京城的这首民谣如今只是老字号辉煌历史的写照了。

新中国成立初期，中华老字号企业大约有 16,000 家，涉及零售、餐饮、医药、食品加工、烟酒加工、照相、书店、丝绸、工艺美术和文物古玩等行业。但是，由于种种原因，1990 年，由原商业部评定的中华老字号只有 1,600 家。而现有的这 1,600 家中华老字号企业，其中 70% 经营十分困难，20% 能够维持，只有 10% 蓬勃发展。

最新调查表明，在杭州 120 余家“老字号”中，仍在市场立足的仅占 40.2%，而其中经营状况良好的又只有三分之一。北

京市现有餐饮业老字号企业 80 余家，这在全国城市中也是最多的，经过改制和整合，这些老字号企业主要分别隶属于首都旅游集团、聚德华天控股有限公司等，著名中华老字号全聚德集团和东来顺集团都隶属于首都旅游集团，鸿宾楼、烤肉季、烤肉宛、砂锅居等享誉京城的 40 家老字号都隶属于聚德华天控股有限公司，拥有近 500 年历史、堪称老字号之最的“六必居”及 270 多年历史的“桂馨斋”、130 多年历史的“天源”等老字号都隶属于北京六必居食品有限公司。经过整合，这些老字号已经开始充分利用现代经营理念来管理，经营情况还是不错的。此外，还有一些具有悠久历史的中华老字号，现在还是小作坊式的经营模式，没有改制和整合，经营状况不容乐观，处于破产的边缘。通过初步调查统计，经营良好的企业只有三分之一左右，另有三分之一基本是维持生存，还有三分之一是亏损，濒临破产。

发展较好的东来顺集团和全聚德集团在许多国家注册了商标，包括日本、美国等马德里协定的所有国家。东来顺现阶段还未在国外开设分店，而全聚德已经在美国等几个国家开设了分店。正在发展的聚德华天控股有限公司旗下的 40 余家老字号仅仅在国内注册了商标，还未在其他国家注册。据有关负责人介绍，现阶段，聚德华天的发展区域仅限于北京，还未在全国展开，所以向国外发展更是艰难。小作坊式经营的个体老字号没有申请商标，这些经营者还没有商标的意识，只知道老字号就是商号、代号、名称而已。

老字号被认定为驰名商标的很少，全国老字号驰名商标占驰名商标总数的 10% 左右。北京市餐饮业老字号商标中，只有东来顺和全聚德被评为驰名商标。这是值得深思的。

## 第 4 步 仔细阅读 仔细阅读课文，完成下列练习

### 一 结合课文内容理解句中的画线词语

1. 鸿宾楼、烤肉季、烤肉宛、砂锅居等享誉京城的 40 家老字号都隶属于聚德华天控股有限公司。

2. 拥有近 500 年历史、堪称老字号之最的“六必居”及 270 多年历史的“桂馨斋”、130 多年历史的“天源”等老字号都隶属于北京六必居食品有限公司。

## 二 根据课文内容判断正误

(　　) 1. 中华老字号的品牌价值在人们心中认知度很高。
(　　) 2. 1990 年，中华老字号企业的数量仅为新中国成立初期的 10%。
(　　) 3. 现有的 1,600 家企业中经营好的中华老字号企业只占新中国成立初期的 1% 。
(　　) 4. 杭州 120 余家“老字号”中，经营状况良好的只有三分之一。
(　　) 5. 北京市现有餐饮业老字号企业的数量在全国城市中是最多的。
(　　) 6. 东来顺集团和全聚德集团在许多国家注册了商标。
(　　) 7. 东来顺和全聚德都已经在美国等几个国家开设了分店。
(　　) 8. 小作坊式经营的个体老字号企业还不懂得用商标来保护自己的权益。

## 三 选择合适的词语填空

隶属　　堪称　　享誉

1. 经过改制和整合，这些老字号企业主要分别______于首都旅游集团、聚德华天控股有限公司等，著名中华老字号全聚德集团和东来顺集团都______于首都旅游集团，鸿宾楼、烤肉季、烤肉宛、砂锅居等______京城的 40 家老字号都______于聚德华天控股有限公司，拥有近 500 年历史、______老字号之最的“六必居”及 270 多年历史的“桂馨斋”、130 多年历史的“天源”等老字号都隶属于北京六必居食品有限公司。经过整合，这些老字号已经开始充分利用现代经营理念来管理，经营情况还是不错的。

边缘　　维持　　悠久　　亏损

2. 此外，还有一些具有______历史的中华老字号，现在还是小作坊式的经营模式，没有改制和整合，经营状况不容乐观，处于破产的______。通过初步调查统计，经营良好的企业只有三分之一左右，另有三分之一基本是______生存，还有三分之一是______，濒临破产。

## 四 根据课文内容填空（每空填一个汉字）

中华老字号在建国初有很多家，可是随着时代的发______，特别是改革开放以来，能够继续立______市场的老字号企业越来越少了。目前，经过改制整______，许多老字号企业已经发生了很大变化，有的隶______于更大的集团公司，有的改变了经营范围，真正存活下来不亏______的企业数量极其有限。

## 第5步 深入理解　深入理解课文，完成下列练习

### 五　请概括这篇课文的主要意思

### 六　讨论

谈谈你对老字号整合的看法。

## 注释

### 1. 最新调查表明

用于调查类文章或议论文中说明调查情况时的用语。也说“最新调查显示”。例如：

（1）最新调查表明，在杭州 120 余家“老字号”中，仍在市场立足的仅占 40.2%，而其中经营状况良好的又只有三分之一。

（2）最新调查表明，“亚健康”正困扰着所谓的“白领阶层”。

### 2. 而已

把事情往小处说，表示不重要。同“罢了”。例如：

（1）这些经营者还没有商标的意识，只知道老字号就是商号、代号、名称而已。

（2）我只是提个建议而已，仅供贵方参考。

# 23 北京市餐饮业中华老字号调查报告（三）：原因分析

## 第1步 问题预览 阅读前请用1分钟浏览这些问题

1. 中华老字号在市场经济中有什么优势？
2. 什么是影响老字号企业发展的根本原因？
3. 中华老字号经营者为什么不愿意开分店？
4. 中华老字号对经营秘方是如何处理的？
5. 中华老字号为什么不愿意宣传自己？
6. “小富即安”的赢利观念有什么不好？为什么？
7. 产品固定化的后果是什么？
8. 在究竟是吃老字号还是吃洋快餐的一项调查中，选择什么的人比例最高？
9. 年轻人喜欢老字号还是洋快餐？
10. 儿童对洋快餐的喜爱会造成什么后果？

## 第2步 快速阅读 快速阅读课文，回答第1步的问题

### 北京市餐饮业中华老字号调查报告（三）：原因分析

（字数：965 参考时间：6分钟）

#### 四、原因分析

在市场经济的大潮中，中华老字号具有天然的品牌优势，具有很高的知名度，辉煌的历史铸就了中华老字号的品牌，但是中华老字号并没有充分发挥自己的品牌优势成为市场经济中的赢家，反而成为了输家。结合北京市餐饮业的中华老字号分析其中的原因，我们发现，这与他们的观念和体制有关。

第一，“只此一家，别无分店”的经营理念束缚了企业的发展。中华老字号企业的经营

者认为，企业最重要的是保证质量，而开分店就会导致产品质量难以控制，假冒的产品就会出现，就会危及企业的名声。十分注重名声和名誉的中国人是不会容许假冒产品出现的，因此，只能是“只此一家”；家族观念也是别无分店的原因，中华老字号很多都有经营秘方，产品都是祖传秘方，开分店必然要向他人泄露产品秘方和经营秘方。这在许多人的思想观念中，是不可能的。

第二，“酒香不怕巷子深”的营销理念影响了品牌的传播。许多中华老字号企业认为，老字号的名声不是靠宣传得来的，而是靠老一辈的质量赢得的，自己宣传不如顾客的口碑。的确，中国人有谦虚的美德，不自夸，但是在市场经济条件下，老字号企业也要转变观念，注重自己品牌的宣传。

第三，“小富即安”的赢利观念限制了企业参与竞争的能力。老字号的诸多经营者不求赢利很多，只求获得维持生计的利润，“够吃够花就够了”的封建小农思想一直主导着经营者的思维。“小富即安”使得老字号无法积累进一步发展的资金。同时，小富即安的思想使得中华老字号没有竞争的压力和意识。市场经济是竞争的经济，老字号企业没有竞争的意识，所以大量西式餐饮的涌入使得老字号企业的生存压力加大，无法应对西式餐饮的竞争。

第四，产品的固定化跟不上日益多样化的消费需求变化。老字号企业技艺独特，导致产品多年不变。改革开放后，国际上各种产品涌入中国市场，使得消费者的选择多样化。在一项餐饮业老字号的调查中，就究竟吃老字号还是洋快餐的问题，52.5% 的人选择老字号，40% 的人选择洋快餐，7.5% 的人认为无所谓。调查人员对人群仔细分析后发现，在 200 名受访者中，老年组中无一人选择洋快餐，而青年组中有 40% 选择了洋快餐。这一调查结果表明：青年人对洋快餐的接受程度比老年人要高很多。另一次调查中，随机抽取 7—14 岁的儿童，无一人说出一个老字号的名字，也不喜欢老字号的食品。儿童都被肯德基和麦当劳所吸引，这在一定程度上，也会使老字号失去未来的市场。

## 第 3 步　仔细阅读　仔细阅读课文，完成下列练习

### 一　根据课文内容选择正确答案

1. 在市场经济的大潮中，老字号企业发展得怎么样？

   A. 成为了赢家　　B. 成为了输家　　C. 没有变化

2. “只此一家，别无分店”的意思是什么？

   A. 只有这一家分店，没有别的分店

   B. 只有这一家店，没有分店

   C. 只有这一家没有分店，别的有分店

3. “酒香不怕巷子深” 的文化内涵是什么?
   A. 谦虚　　B. 骄傲　　C. 不做广告

4. “小富即安” 代表一种什么思想?
   A. 保守　　B. 知足　　C. 懒惰

5. 产品的固定化说明企业的什么问题?
   A. 缺乏创新　　B. 忠诚顾客　　C. 始终如一

6. 喜欢老字号的人大多是什么人?
   A. 中年人　　B. 儿童　　C. 老年人

## 二 根据课文内容判断正误

(　　) 1. 因为老字号的商品原料都是纯天然的，所以具有很高的知名度。

(　　) 2. 中华老字号衰落的原因与他们的观念和体制有关。

(　　) 3. “只此一家，别无分店” 就可以保证产品质量。

(　　) 4. 人们特别注重老字号的名声和名誉，所以老字号没有假冒产品。

(　　) 5. 中国人一向谦虚，所以老字号不注重品牌宣传。

(　　) 6. “小富即安” 的思想让中华老字号的发展没有动力。

(　　) 7. 在一项餐饮业老字号的调查中，超过一半的人选择老字号，极少的人选择洋快餐。

(　　) 8. 老字号的未来可能有被洋快餐取代的趋势。

# 第4步 深入理解　深入理解课文，完成下列练习

## 三 概括本课的主要意思

## 四 讨论

1. 你认为有关老字号的产品秘方和经营秘方的问题应该怎么解决?

2. 谈谈你对 “酒香不怕巷子深” 这句话的理解。

## 注释

### 1. 酒香不怕巷子深

意思是说，如果酒酿得好，就是在很深的巷子里，也会有人闻香知味，前来品尝。也作“酒好不怕巷子深”。这是一句具有中国文化特色的民间俗语，它引申为东西或产品很好，哪怕不去作营销推广、广告宣传，消费者也会知道它。例如：

（1）“酒香不怕巷子深”的营销理念影响了品牌的传播。

（2）尽管是老字号企业，但是由于其一直固守“酒香不怕巷子深”的传统观念，很少进行广告宣传，结果被淘汰出局。其实“酒好也怕巷子深”啊。

### 2. 小富即安

这是满足现状，不思进取，胸无大志的一种心态。例如：

（1）“小富即安”的赢利观念限制了企业参与竞争的能力。

（2）不思进取、小富即安的观念制约了企业的发展。

### 3. 跟不上

落后于某一标准。例如：

（1）产品的固定化跟不上日益多样化的消费者需求变化。

（2）现代社会发展迅速，如果不努力学习，就跟不上时代的脚步。

# 24 北京市餐饮业中华老字号调查报告（四）：原因分析

## 第1步 问题预览 阅读前请用 1 分钟浏览这些问题

1. 严肃、缺乏热情的服务后果是什么？
2. 中华老字号企业的服务与私营饭店酒店相比存在什么问题？
3. 手工作坊式的生产经营理念会带来什么问题？
4. 户部街老马家烧羊肉为什么经常出现排长队的情形？
5. 现代人是否愿意排长队吃一顿可口的饭菜？为什么？
6. 是什么原因导致假货充斥市场？其后果是什么？
7. 为什么说老字号本身就是巨大的无形资产？
8. 城市拆迁对老字号的影响是什么？
9. 人们理解的老字号和店铺的位置有什么关系？
10. 城市拆迁对经营什么的老字号影响最大？

## 第2步 快速阅读 快速阅读课文，回答第 1 步的问题

### 北京市餐饮业中华老字号调查报告（四）：原因分析

（字数：953　参考时间：6 分钟）

第五，严肃、缺乏热情的服务理念使其失去了消费者的忠诚。中华老字号企业的服务普遍不够热情，完全是计划经济下的服务，在顾客不能得到期望的产品时也很少挽留顾客，也不向顾客推荐自己的产品，比起现在的私营饭店和酒店的热情服务、微笑服务、开门微笑和专职服务员提供全程服务等相距很远。

第六，手工作坊式的生产模式难以在现代市场经济中取得优势。20 世纪 90 年代以来，机械化、自动化和信息化的发展改变了生产方式，以手工技艺为主的中华老字号失去了生产上的优势。户部街老马家烧羊肉的老师傅是第七代传人，正宗的烧羊肉在北京乃至全国仅此

一家，完全是手工技艺，不能机械化和自动化，所以生产方式难以改变，生产效率很低，经常出现排长队的情形。在市场经济条件下，人们的工作压力大，时间如金，谁愿意为吃顿饭排很长时间队呢？

第七，法律意识淡薄，不能有效地保护商标，致使假货充斥市场。老字号凝结着民族精神、历史文化和地理属性，它是一种独特的标识，本身就是巨大的无形资产。但是，由于法律意识淡薄，有的老字号企业居然没有注册商标，造成许多优秀的品牌无形资产的流失。老字号被抢注的情形经常发生，青岛啤酒在美国被抢注，同仁堂、女儿红、杜康和狗不理在日本被抢注，阿诗玛在菲律宾被抢注，凤凰在印尼被抢注，竹叶青在韩国被抢注。企业商品或者商标被假冒也时有发生，北京六必居食品有限公司的六必居酱菜经常被假冒，全国各地许多饭店冒充是东来顺的连锁店。假冒产品致使许多企业品牌受到严重威胁，甚至破产。

第八，城市拆迁对老字号的经营影响也很大。市场经济的大潮中，城市建设成为各个城市改善环境、吸引外资的重头戏。老字号一般因其辉煌的过去，都在繁华的闹市区，为了城市建设和改造，老字号被认为是历史文物而没有市场价值，生产难以现代化，而不得不搬迁。老字号企业有其历史渊源和地理标识，人们对老字号的理解往往和地点联系在一起，一旦搬迁，在人们的心目中就不再是老字号了，而且其店面是不能搬迁的，因为店面很难重现。中华老字号中餐饮业受害最大，许多老字号企业，尤其是老字号饭庄，不得不远离城市繁华区，无奈地远离了消费者的视野。广州和杭州在城市建设和改造过程中，许多老字号餐馆和茶馆被迫搬迁。北京在城市建设中，保护老字号的力度还是比较大的，尽量避免老字号的搬迁。这在一定程度上起到了保护中华老字号的作用。

## 第3步　仔细阅读　仔细阅读课文，完成下列练习

### 一　根据课文内容选择正确答案

1. 老字号企业的服务怎么样？

A. 很热情　　B. 不热情　　C. 一般

2. 关于私营饭店和酒店的服务，以下哪项文中没有提到？

A. 微笑服务　　B. 热情服务　　C. 义务导游

3. 目前一般的生产工艺体现为哪些特征？

A. 机械化、自动化和信息化

B. 机械化、现代化和信息化

C. 机械化、自动化和电气化

4. 人们对老字号的理解与以下哪项没有关系？
   A. 地理位置　　B. 历史长短　　C. 企业经营策略

## 二 根据上下文为句中画线词语选择最合适的解释

1. 法律意识淡薄，不能有效地保护商标，致使假货充斥市场。
   A. 充分排斥　　B. 充满　　C. 冒充
2. 由于法律意识淡薄，有的老字号企业居然没有注册商标，造成许多优秀的品牌无形资产的流失。老字号被抢注的情形经常发生。
   A. 抢先注册　　B. 抢着注册　　C. 抢先使用
3. 城市建设成为各个城市改善环境、吸引外资的重头戏。
   A. 重要的戏　　B. 分量重的内容　　C. 比较重要的任务

## 三 根据课文内容判断正误

(　　) 1. 老字号的服务态度比私营饭店和酒店好。
(　　) 2. 老字号的服务理念还是计划经济时代的。
(　　) 3. 手工作坊式的生产理念使老字号企业在生产和经营上不占优势。
(　　) 4. 现代人很忙，不愿意在吃饭上多花时间。
(　　) 5. 老字号本身是巨大的无形资产。
(　　) 6. 假冒老字号品牌的现象经常发生。
(　　) 7. 有些老字号因为假冒别人的商标而破产。
(　　) 8. 搬迁以后的老字号就不再是老字号了。

## 四 根据课文内容填空（每空填一个汉字）

影响老字号发展的因素很多，比如，缺乏热情的服务______念失去了消费者的忠诚，手工作坊式的生产模式在现代市场经济中难______取得优势，不能通过法律手段有效地保护商标，致使假货充______市场。城市拆迁，老字号不得不搬迁，而人们对老字号的理解往往和地点联______在一起，这样就不再相信其为老字号了。

## 第4步 深入理解　深入理解课文，完成下列练习

### 五　讨论

结合你们国家的实际，谈谈你对保护老字号的意见或建议。

## 注释

### 1. 居然

表示出乎意料。例如：

（1）由于法律意识淡薄，有的老字号企业居然没有注册商标，造成许多优秀的品牌无形资产的流失。

（2）他的话一听就是撒谎，你居然会相信。

### 2. 一旦……就……

表示要是有一天出现某种情况就一定会出现某种后果。是对一种可能出现情况的预测。例如：

（1）人们对老字号的理解往往和地点联系在一起，一旦搬迁，在人们的心目中就不再是老字号了。

（2）开车不能粗心大意，一旦发生交通事故，后悔就来不及了。

## 阅读指导

扩充词汇的方法之一：相同语素构词法

通过构词法扩充词汇是一种好办法。例如："商标"一词，可以把其中的"标"替换成别的语素，如"商号、商店、商业、商会"等；"侵害"一词，可以把其中的"害"替换成别的语素，如"侵犯、侵权、侵入"等。有相同语素，意味着这些词内部具有其种意义上的关联。通过这种方法，可以大大地扩充词汇量。

## 休闲阅读

砌墙

炎热的夏天，三个工人在砌墙。有人过来问："你们在干什么？"第一个人没好气地说："没看见吗，砌墙！"第二个人抬头笑了笑，说："我们在盖一幢高楼。"第三个人一边干活儿一边哼着歌曲，笑容很灿烂，他开心地说："我们正在建设一个美丽的城市。"

十年后，第一个人在另一个工地上砌墙，第二个人坐在办公室里画图纸，第三个人是前面两个人的老板。

7

# 创新篇



**单元导学与任务**

现代社会竞争更多地表现为技术竞争，衡量一个企业的竞争力主要看它的自主创新能力。学习本单元，请完成下面的任务：

1. 介绍一个企业自主创新的案例。
2. 谈谈你对中国服务外包的看法。
3. 讨论一下从“中国制造”到“中国创造”之路有多远。

# 25 “中国服务”将立足世界

## 第1步 词语热身 阅读前请熟悉这些词语

| | | | | |
|---|---|---|---|---|
| 1 | 消耗 | xiāohào | 动 | 因使用或损失而逐渐减少。<br>◎ 消耗体力 / 消耗能量 |
| 2 | 低端 | dīduān | 形 | 排列在末尾的。<br>◎ 低端产品 / 低端产业 |
| 3 | 转型 | zhuǎnxíng | 动 | 由一种模式转变为另一种模式。<br>◎ 现在正处在社会转型期，出现新情况新问题在所难免。 |
| 4 | 规模 | guīmó | 名 | （事业、机构、工程、运动等的）格局、形式或范围。<br>◎ 创建初期，公司的规模很小，随着事业的发展，规模越来越大。 |
| 5 | 承接 | chéngjiē | 动 | 承担，接受。<br>◎ 我们公司具备了承接大型工程项目的实力。 |
| 6 | 份额 | fèn'é | 名 | 所占整体的额数。<br>◎ 我们应该把靠节能所取得的效益中的一定份额奖励给企业。 |
| 7 | 核心 | héxīn | 名 | 中心，主要部分。<br>◎ 核心技术 / 核心力量 / 领导核心 |
| 8 | 流程 | liúchéng | 名 | 工业生产中，从原料到制成成品各项工序安排的程序。<br>◎ 生产流程 / 工艺流程 / 流程图 / 流程表 |
| 9 | 接包 | jiēbāo | 动 | 接受承包任务。<br>◎ 接包方 / 接包国 |
| 10 | 后发优势 | hòu fā yōushì | | 后期的实力很强。<br>◎ 中国的技术虽然不占据先发优势，但具备后发优势。 |

## 第2步 问题预览 阅读前请用1分钟浏览这些问题

1. 中国人的心愿和中国可持续发展的努力方向是什么？

2. 中国是全球第几大进出口国？

3. 为什么说中国制造不具备可持续性？

4. 中国发展面临的压力有哪些？

5. 中国可持续发展的瓶颈是什么？

6. 发展服务外包具有什么意义？

7. 中国必须进行的战略转型的内容是什么？能够解决什么问题？

8. 中国服务外包市场近两三年有重大的发展和突破，原因是什么？

9. 过去 20 多年，中国在哪方面取得了重要成就？

10. 在新的战略转型中，中国的目标是什么？

## 第3步　快速阅读　快速阅读课文，回答第 2 步的问题

### “中国服务”将立足世界

（字数：890　参考时间：6 分钟）

“中国制造”已立足世界，“中国服务”也将立足世界，这是中国人的心愿，也是中国可持续发展的努力方向。

目前，中国已经成为全球第三大进出口国，同时也是世界最大的制造业加工基地。但是建立在廉价劳动力、资源消耗、土地占用等优势之上的“中国制造”并不具备可持续性，中国的出口产品在国际产业分工链中一直处于低端位置，而且日益面临国际贸易摩擦、能源原料短缺、环境恶化及“民工荒”[①] 等诸多压力。能源压力、环境压力、就业压力成为可持续发展的瓶颈，改变经济增长方式，促进产业结构升级是中国发展中的新课题。

发展服务外包是实现从“中国制造”到“中国服务”的重大战略措施。中国必须进行战略转型。发展服务外包产业是使大批处于劳动密集型的制造企业业务性质提升，并且实现规模效益的一条很好的出路。承接服务转移也是培育外商投资的新方式。

尽管中国服务外包本土市场份额在全球所占的市场份额很小，仅有 1%左右，但是其增长速度不容忽视。受加入 WTO 的影响，中国很多行业已经全面开放，国内企业直接面对来自海外企业的竞争。目前越来越多的企业已经意识到，应该将有限资源集中在企业的核心业

① 民工荒：由于劳动力价格的上涨，中国出现了进城务工人员减少、一些企业招工困难的现象，这种现象称为民工荒。

务上，而将其他非核心业务流程进行外包。因此，中国服务外包市场近两三年有重大的发展和突破。由于成本优势，中国日趋成为重要的接包国之一，国内服务外包市场的接包方基本均在国内，离岸接包商② 承接的极少。

中国在许多行业，如白色家电③、手机等均居世界第一。牢固的制造业基础和产业集群使中国新兴的设计研发服务在离岸领域拥有得天独厚的后发优势。迅速发展的软件和信息服务业为发展服务外包奠定了基础。

中国的服务外包企业通过兼并收购，整合提升了自身竞争优势。未来几年，全球服务业外包市场仍将以 30%–40% 的速度增长，并成为跨国公司直接投资的重要领域。

过去 20 多年，中国在吸引外资，尤其是制造业国际直接投资方面取得了巨大的成功。20 世纪 90 年代以来，中国抓住机遇，制定了吸引制造业外资的战略，带来了长达 20 年保持 9% 的平均经济增速，使中国成为世界上最重要的制造业基地之一。

在新的战略转型中，中国必将打出“中国服务”的品牌，逐渐由“世界工厂”转变为“世界服务外包中心”，“中国服务”将立足世界。

## 第 4 步 仔细阅读 仔细阅读课文，完成下列练习

### 一 结合课文内容解释词语

1. 摩擦

2. 得天独厚

### 二 根据课文内容判断正误

(　　) 1.“中国制造”和“中国服务”都已经立足世界。
(　　) 2. 中国是世界上第三大进出口国和最大的制造业加工基地。
(　　) 3. 中国发展面临的新问题是改变经济增长方式，促进产业结构升级。
(　　) 4. 发展服务外包是实现从“中国制造”到“中国服务”的重大战略措施。
(　　) 5.“中国服务”外包的增长速度很快。
(　　) 6. 中国日趋成为重要的接包国之一的原因是由于劳动力成本低。
(　　) 7. 中国在白色家电、手机等的生产制造方面均居世界第一。

② 离岸接包商：承接国外服务外包的商家。

③ 白色家电：指可以代替人们家务劳动以及改善生活环境质量的家电产品，如洗衣机、冰箱、空调等。

(　　) 8. 未来几年，中国服务业外包市场仍将以 30%–40% 的速度增长。

## 三 选择合适的词语填空

1. ___（1）___在廉价劳动力、资源消耗、土地占用等优势之上的“中国制造”并不具备可持续性，中国的出口产品在国际产业分工链中一直处于低端位置，而且日益___（2）___国际贸易摩擦、能源原料短缺、环境恶化及“民工荒”等诸多压力。

2. 在新的战略转型中，中国必将___（3）___“中国服务”的品牌，逐渐由“世界工厂”___（4）___为“世界服务外包中心”，“中国服务”将立足世界。

（1）A. 建设　　B. 建立　　C. 创建

（2）A. 面临　　B. 面对　　C. 临近

（3）A. 亮出　　B. 拿出　　C. 打出

（4）A. 转化　　B. 转变　　C. 变化

## 四 根据课文内容填空（每空填一个汉字）

目前，中国服务外包本土市场在全球所占的市场份______还很小，仅有 1% 左右，但是近年来正以不______忽视的速度增长。迅速发展的软件和信息服务业为发展服务外包奠______了基础。中国牢固的制造业基础和产业集群使中国新兴的设计研发服务在离岸领域拥有得天独厚的后______优势。中国的服务外包企业通过兼并收购，整______提升了自身竞争优势，成为未来跨国公司直接投资的重要领域。

# 第5步 深入理解　深入理解课文，完成下列练习

## 五 概括课文的主要意思

## 六 讨论

谈谈你对“中国制造”和“中国服务”的看法。

## 注释

### 立足

表示在某地站稳脚跟，可以生存下去。也可以说在某地立足。例如：

（1）“中国制造”已立足世界，“中国服务”也将立足世界。

（2）经过十多年的拼搏，我拥有了自己的事业、家庭，终于在北京立足了。

# 26 科技创新的中关村

## 第1步 词语热身　阅读前请熟悉这些词语

| | | | | |
|---|---|---|---|---|
| 1 | 寄予 | jìyǔ | 动 | 寄托；给予。<br>◎ 国家对年轻人寄予了厚望。 |
| 2 | 厚望 | hòuwàng | 名 | 很大的希望。<br>◎ 我理解长辈对我们的厚望。 |
| 3 | 荒凉 | huāngliáng | 形 | 人烟少，冷清。<br>◎ 他们在这片荒凉的土地上建设起了现代化的工厂。 |
| 4 | 白手起家 | báishǒu qǐjiā | | 在没有任何基础的情况下创业。<br>◎ 创业之初，我们没有任何资产，完全是白手起家。 |
| 5 | 三位一体 | sān wèi yì tǐ | | 三个个体合成一个整体。<br>◎ 人才、技术、资金三位一体，构成了创业的基础。 |
| 6 | 稳居 | wěnjū | 动 | 稳定地占据。<br>◎ 他们部门的业绩一直稳居整个公司的榜首。 |
| 7 | 榜首 | bǎngshǒu | 名 | 第一名。<br>◎ 要持续稳居榜首，就必须不断努力。 |
| 8 | 罕见 | hǎnjiàn | 形 | 非常少见。<br>◎ 昨天晚上城市上空出现了罕见的天文奇观。 |
| 9 | 主导 | zhǔdǎo | 形 | 主要的并且引导事物向某方面发展的。<br>◎ 主导产业 / 主导地位 / 起主导作用 |
| 10 | 创意 | chuàngyì | 名 | 创造性的想法、构思。<br>◎ 你们的创意受到了大家的好评。 |
| 11 | 高端 | gāoduān | 形 | 最高处的。<br>◎ 高端技术 / 高端人士 |
| 12 | 并举 | bìngjǔ | 动 | 一齐。<br>◎ 我们要使社会良性发展，在改革上就要经济与文化并举。 |
| 13 | 瞄准 | miáozhǔn | 动 | 对准目标。<br>◎ 他们把目光瞄准国外市场，准备将这种产品推向世界。 |

## 第2步 问题预览 阅读前请用1分钟浏览这些问题

1. 现在的中关村被称为什么地方？从前的中关村是什么样子？
2. 凌志军在《中国的新革命》一书中谈到了有关中关村的什么问题？
3. 中关村经过多年的发展，在哪些方面具备了优势？
4. “中关村形成了创新主力‘三位一体’的创新资源高度密集格局”。其中的“三位一体”指什么？
5. 在关于中关村的技术优势部分谈到了哪几个方面的内容？
6. 什么产业是中关村发展的主导产业？哪些方面是中关村新的经济增长点？
7. 中关村特有的创新文化是怎么形成的？包括什么？
8. 近年来中关村是怎样发展的？
9. 中关村在哪些技术方面达到了国际领先水平？
10. 说说“中国制造”和“中国创造”的区别。

## 第3步 快速阅读 快速阅读课文，回答第2步的问题

### 科技创新的中关村

（字数：975　参考时间：6分钟）

北京中关村，这个被称为“最能代表中国30年来的飞速发展的地方”，这个被寄予厚望的下一个全球新兴创新中心，到底有着什么样的魅力？

从多年前荒凉的自然村到如今的高科技产业园区，从一张桌、一间房的白手起家到如今掌握全中国80%的计算机产品，中关村在几十年的发展中带给我们的是一次次的惊喜。

凌志军在《中国的新革命》一书中写道：就历史来说，中关村是中国的一个缩影。在20世纪的最后20年，这个国家战胜了饥饿，又让自己成为全世界最庞大的“制造车间”。在21世纪的第一个10年，它急切地渴望拿下新技术的高地，把“中国制造”变成了“中国创造”。而中关村之所以值得注意，就因为它是这条道路上的先行者。

中关村经过多年的发展，在人才、技术、区域、政策等方面拥有了得天独厚的优势，形成了创新主力“三位一体”的创新资源高度密集格局，这一格局在中国乃至全球都是颇为罕

见的——这也正是中关村在中国的区域创新发展中稳居榜首的原因所在。

三支创新主力大军：以北京大学、清华大学为代表的高等院校；以中国科学院、中国工程院、北京生命科学研究所为代表的科研院所；以联想、方正、中兴为代表的高新技术企业。高等院校、科研院所在中关村自主创新体系中发挥着基础和支撑作用，企业日益成为创新的主体，并且形成了中关村的独特优势。

技术优势：在中关村，以软件、集成电路、网络通信、计算机等为代表的电子信息产业为主导产业。同时，清洁技术、生物医药、新材料等新型城市化工业成为新的增长点。以信息服务、研发服务、创意设计为代表的高技术服务业发展迅速，经济规模已占园区总量的一半左右。科技与文化相结合的创意产业蓬勃兴起，经济规模占全市的 40% 以上。

区域优势：中关村园区空间面积为 232.52 平方公里，形成了“一区十园”的跨行政区域的首都高端产业功能区。

创新资源优势：优质创新资源的高度密集，不仅使中关村具有强大的创新能力，也形成了中关村特有的创新文化，即技术创新、制度创新、组织创新、商业模式创新、文化创新并举，推进自主创新和高新技术产业发展。

这些年，中关村始终坚持紧跟全球高科技产业发展潮流，瞄准科技前沿，围绕国家战略和首都发展进行自主创新。与国家重大技术战略实施紧密结合，在提高自主创新能力和若干重点产业的国际竞争力上代表国家队，抢占技术与产业制高点。中关村始终引领着中国电子信息产业的发展方向，生物技术、清洁技术方面也都达到了国际领先水平。

## 第4步 仔细阅读　仔细阅读课文，完成下列练习

### 一　结合课文内容理解句中的画线词语

1. 在 21 世纪的第一个 10 年，它急切地渴望拿下新技术的高地，把“中国制造”变成了“中国创造”。

2. 与国家重大技术战略实施紧密结合，在提高自主创新能力和若干重点产业的国际竞争力上代表国家队，抢占技术与产业制高点。

## 二 根据课文内容判断正误

(　　) 1. 中关村是中国 30 年来飞速发展的地方。

(　　) 2. 中关村在很多年前是一个荒凉的自然村。

(　　) 3. 中关村的发展是从零开始的。

(　　) 4. 中关村值得注意，是因为它走在中国改革发展的最前面。

(　　) 5. 在三支创新主力大军中，高等院校和科研院所越来越成为创新的主体。

(　　) 6. 中关村的经济规模占全市的 80% 以上。

(　　) 7. 中关村"形成了'一区十园'的跨行政区域的首都高端产业功能区"。其中的"高端"的反义词是"低端"。

(　　) 8. 中关村特有的创新文化是技术创新、制度创新、组织创新、商业模式创新、文化创新同步发展。

## 三 选择合适的词语填空

1. 中关村经过多年的＿（1）＿，在人才、技术、区域、政策等方面拥有了得天独厚的＿（2）＿，形成了创新主力"三位一体"的创新资源高度密集格局，这一格局在中国＿（3）＿全球都是颇为罕见的。

2. 优质创新资源的高度＿（4）＿，不仅使中关村具有强大的创新能力，也形成了中关村特有的创新文化，即技术创新、制度创新、组织创新、商业模式创新、文化创新＿（5）＿，推进自主创新和高新技术产业发展。

| | | |
|---|---|---|
| （1）A. 发展 | B. 发达 | C. 发挥 |
| （2）A. 形势 | B. 优势 | C. 优点 |
| （3）A. 乃至 | B. 以致 | C. 以及 |
| （4）A. 密集 | B. 集中 | C. 紧密 |
| （5）A. 并列 | B. 并且 | C. 并举 |

## 四 根据课文内容填空（每空填一个汉字）

中国在 20 世纪的最后 20 年，不仅成为了全世界最＿＿＿大的"制造车间"，而且在 21 世纪的第一个 10 年，它正在把"中国制造"变成"中国创造"。这期间，中关村是最值得关＿＿＿的。中关村经过多年的发展，在人才、技术、区域、政策等方面拥有了得＿＿＿独厚的优势，形成了创新主力"三位一体"的创新资源高度密集格局。

三支主力协同发挥作用，高等院校、科研院所在中关村自主创新体______中发挥着基础和支撑作用，企业日益成为创新的主体，并且形成了中关村的______特优势。

## 第5步 深入理解　深入理解课文，完成下列练习

**五 找出课文中引用的部分，分析一下作者是如何运用引用形式的**

**六 讨论**

谈谈你所了解的中关村。

## 注释

### 1. 从……到……

表示时间、空间的变化，也可以表示一种状态的变化。例如：

（1）从多年前荒凉的自然村到如今的高科技产业园区，从一张桌、一间房的白手起家到如今掌握全中国 80% 的计算机产品，中关村在几十年的发展中带给我们的是一次次的惊喜。

（2）从一贫如洗、满目疮痍到日新月异、欣欣向荣，从闭关锁国到改革开放，中国近几十年的发展举世瞩目。

### 2. 就……来说

表示从某一方面来看待。例如：

（1）就历史来说，中关村是中国的一个缩影。

（2）就目前的发展情况来说，我们想跻身世界 500 强企业还有很大一段距离。

# 27 从“中国制造”到“中国创造”

## 第1步 问题预览 阅读前请用 1 分钟浏览这些问题

1. 课文用《离开“中国制造”的一年》中的故事，说明了一个什么道理？
2. “中国制造”在世界的地位如何？
3. 为什么说抵制“中国制造”并不理智？
4. 为什么中国制造的产品在全球各个角落蔓延，却让人喜忧参半？
5. “中国制造”依靠什么在世界被认可？
6. 谁是“中国制造”的最大获利者？
7. 真正威胁“中国制造”安全的是什么？
8. “中国制造”开始转变思路是怎么做的？
9. 海尔为中国家电企业在国际标准中争得了话语权，其意义是什么？
10. 树立中国品牌国际高端形象的意义是什么？

## 第2步 快速阅读 快速阅读课文，回答第 1 步的问题

### 从“中国制造”到“中国创造”

（字数：876　参考时间：5 分钟）

《离开“中国制造”的一年》一书记述了一位美国家庭主妇从 2005 年开始体验没有“中国制造”的生活，结果遭遇种种麻烦的故事。咖啡机坏了，同类产品太贵，就没有买新的；榨汁机坏了，没法修理，除非使用中国产的刀片；喜欢做木工的丈夫再也买不到工具，工具都是中国产的。

这些都说明，“中国制造”已经成为全球各地人们生活中必不可少的一部分。无论是服装、鞋子、玩具，还是电视机、游戏机乃至汽车零件和集装箱，世界上已经几乎没有地方买不到、用不到印有“Made in China ”标志的产品，抵制“中国制造”并不理智。

但是，当中国制造的产品在全球各个角落蔓延时，得到的结果却喜忧参半，喜的是中国在全球制造业和全球经济地位的迅速提升，忧的是崛起的代价相当之高，且其赢利性和可持续性令人担忧。

"中国制造"凭借物美价廉在过去十几年间逐渐获得了全球认可，但是在收获微薄利润并消耗大量资源的背后，这种全球认可却非常脆弱。大量跨国公司利用中国的低成本转移策略，攫取了更高的经济利益，结果却由"中国制造"背负来自全球的质疑。事实上，真正威胁"中国制造"安全的是其被国际采购商操控，不能自己把握自己的命运。

现在，"中国制造"已经开始转变思路，追求持续性的竞争力，而不是低成本的短期优势。参与国际标准的制定更有利于改善"中国制造"的形象，海尔、华为、中兴都在作这样的尝试。

国际电工委员会在芬兰赫尔辛基举行了防电墙热水器国际标准提案答辩会，海尔、国标委等中国代表团代表针对欧美等诸多国家代表的意见进行了阐释。会后，国际电工委员会IEC/TC61正式作出决定：由中国提出的标准提案适合应用到具有类似接地情况不良的国家。

海尔只是"中国制造"谋求国际话语权的一个缩影。由于历史的原因，很多发展中国家的消费者，在使用热水器时，都会面临环境带电造成的安全隐患。2008年防电墙标准提案写入新版国际标准后，将为全球数十亿普通用户带来更安全的体验，同时也有效降低了中国制造的质量隐患。海尔相关负责人表示，中国家电企业在国际标准中掌握话语权，是中国家电历史上的一个突破，同时也能改变中国家电企业单一的"制造"形象，通过提升产品附加值和利润空间，树立中国品牌的国际高端形象。

## 第3步　仔细阅读　仔细阅读课文，完成下列练习

### 一　结合课文内容解释词语

1. 抵制

2. 喜忧参半

3. 话语权

### 二　根据课文内容选择正确答案

1.《离开"中国制造"的一年》一书中记述的美国家庭主妇遭遇到的种种麻烦不包括以下哪项内容？

A. 咖啡机坏了，同类产品太贵，就没有买新的

B. 榨汁机坏了，如果不使用中国产的刀片就没法修理

C. 除草工具坏了买不到，工具都是中国产的

2.“中国制造”在过去十几年间逐渐获得了全球认可，凭借的是什么？

A. 质量可靠　　B. 物美价廉　　C. 价钱便宜

3.“中国制造”的获利者是谁？

A. 跨国公司　　B. 中国企业　　C. 文中没有提到

4. 参与国际标准的制定来改善“中国制造”的形象不包括以下哪个企业？

A. 海尔　　B. 华为　　C. 海信

## 三 根据课文内容判断正误

(　　) 1. 有一位美国家庭主妇离开了“中国制造”，生活中遭遇了种种麻烦。

(　　) 2. 全世界没有一个地方没有“中国制造”。

(　　) 3.“中国制造”的代价非常高。

(　　) 4.“中国制造”被国际采购商操控。

(　　) 5. 由于历史的原因，很多发展中国家的热水器都存在安全隐患。

(　　) 6. 中国家电企业一直在国际标准中掌握话语权。

## 第4步 深入理解　深入理解课文，完成下列练习

## 四 讨论

谈谈你对“中国制造”的看法。

## 注释

### 1. 结果……

由于某种情况导致某种后果发生。例如：

（1）一位美国家庭主妇从2005年开始体验没有“中国制造”的生活，结果遭遇种种麻烦。

（2）由于文化差异，导致双方在谈判中互不理解，最终合作没有成功。

2. ……喜忧参半，喜的是……，忧的是……

表示某件事情既让人感到高兴又让人感到担忧。例如：

（1）当中国制造的产品在全球各个角落蔓延时，得到的结果却喜忧参半，喜的是中国在全球制造业和全球经济地位的迅速提升，忧的是崛起的代价相当之高。

（2）这次谈判结果令人喜忧参半，喜的是双方签订了合同，终于迈出合作的第一步，忧的是价格太低，利润太少。

# 28 亦庄的创新故事

## 第1步 问题预览 阅读前请用1分钟浏览这些问题

1. 北京亦庄经济开发区与中关村有什么不同?
2. 诺基亚提出的“星网模式”的特点是什么?
3. 现在的星网工业园有哪些企业入驻?
4. 亦庄经济开发区占地面积多大?
5. 2006年，诺基亚在亦庄又有了什么新举措? 意义是什么?
6. 诺基亚每年研发更新多少款手机?
7. 星网的研发和创新模式有什么作用?
8. 除了诺基亚，在亦庄经济开发区受惠于星网模式的还有其他企业吗? 规模多大?
9. 诺基亚是怎样将自己的研发和本地自主创新紧密结合的?
10. 诺基亚模式的影响还有什么?

## 第2步 快速阅读 快速阅读课文，回答第1步的问题

### 亦庄的创新故事

（字数：757 参考时间：5分钟）

近年来，北京亦庄经济开发区成为继中关村后第二个高科技产业聚集的地方。和中关村不同，产业化特征在这里表现得更为突出。

2000年，全球著名手机制造商诺基亚在这里提出了“星网模式”，即把手机整装厂和手机组件供应商纳入同一工业园区，缩短工厂和工厂之间的距离，用以减少物流成本，并减轻库存管理压力。现在，以诺基亚为龙头的星网工业园，囊括了全球最大的物流企业之一德国DHL公司、全球最大的印刷线路板企业揖斐电公司、中国台湾地区最大的公司之一富士康、生产手机电池的三洋公司、美国的威讯半导体公司等重量级企业，已经成为世界一流的电信

制造中心。

在这个 75 公顷的土地上，有着世界上最完整最具规模的手机生产产业链。

2006 年，诺基亚又将全球研发中心和在中国的总部搬到星网工业园。从此，这里不仅是一片生产基地，更是技术创新的源泉所在。据介绍，诺基亚在全球的很多产品目前都已经在中国开发研制。

每年 40 多款手机的更新速度，没有星网的研发和创新模式是无法实现的。零配件供应商与研发中心仅一条马路的距离，这使得很多研发设计能够以最快的速度得到反馈和调试。

在创新方面，受惠于星网模式的不仅仅是诺基亚公司，50% 以上的零配件供应商也在此纷纷建立自己的研发中心，从业人员达到 3 万人，这在全世界都是少有的。

在北京政府大力推进自主创新的过程中，诺基亚模式受到大力推崇，更重要的原因还在于这家跨国公司并没有成为北京科技人才的激烈竞争者，相反它将自己的研发和本地自主创新紧密结合在一起。诺基亚将自己的软件操作平台对外开放，尤其是与中关村的小型软件开发公司共享开发应用，帮助他们进行研发创新。目前，该平台的开发商用户已经达到 25 万家。

在亦庄，诺基亚模式已经成为过去，但它激发的能量还在不断延伸。以中芯国际为主体的光电工业园，以京东方和康宁为核心的平板项目工业园，都在不断上演新的创新故事。

## 第3步 仔细阅读　仔细阅读课文，完成下列练习

### 一　结合课文内容解释词语

1. 龙头

2. 重量级

3. 共享

### 二　根据课文内容选择正确答案

1. 亦庄经济开发区与中关村相比，有什么不同？

A. 亦庄经济开发区产业化特征表现得更为突出

B. 亦庄经济开发区是高科技产业聚集的地方

C. 亦庄经济开发区占地面积比中关村大

2. 关于亦庄经济开发区的手机生产产业链的特点，以下哪项文中没有提到？

A. 世界上最完整

B. 世界上最具规模

C. 世界上技术最新

3. 关于亦庄经济开发区在 2006 年以后的特点，以下哪项文中没有提到？

A. 是一片生产基地

B. 是技术创新的源泉所在

C. 是商品出口的重要通道

4. 在亦庄经济开发区诺基亚零配件研发中心工作的从业人员达到多少人？

A. 1.5 万人　　B. 3 万人　　C. 25 万人

## 第4步 深入理解　深入理解课文，完成下列练习

### 三　说说本文的主题

### 四　讨论

谈谈你所了解的北京亦庄经济开发区。

## 注释

### 以……为龙头

指某人或某物起领头的作用。例如：

（1）以诺基亚为龙头的星网工业园，囊括了全球最大的物流企业之一德国 DHL 公司、全球最大的印刷线路板企业揖斐电公司、中国台湾地区最大的公司一富士康、生产手机电池的三洋公司、美国的威讯半导体公司等重量级企业。

（2）中关村以计算机软件服务业为龙头，带动其他相关产业的发展。

## 阅读指导

扩充词汇的方法之二：反义词法

通过寻找反义词进行词汇扩充是一种行之有效的好方法。一般的形容词都可以找到相应的反义词。一组一组地记忆词汇就可以达到扩充词汇的目的。例如：

常见 —— 罕见　　高端 —— 低端　　优势 —— 劣势

要养成寻找反义词的习惯，这样成组地扩充词汇量比一个一个积累要快得多。

## 休闲阅读

### 差别

相邻两家早餐店，客流量差不多，食品价格也差不多，但是每天左边的比右边的营业额总是多出 100 来元。

走进右边的店，服务员热情地盛了一碗粥，问："加不加鸡蛋？"有的顾客说加，有的说不加。

走进左边的店，服务员同样热情地盛了一碗粥，问："加一个鸡蛋还是两个鸡蛋？"顾客有说一个的，有说两个的。

原来差别就是这样悄悄产生的。

# 8 财经篇



**单元导学与任务**

世界经济一体化进程越来越快，世界经济相互依赖的程度也越来越深，在这种趋势下，各国经济如何发展是一个值得思考的大问题。学习本单元，请完成下面的任务：

1. 说说道琼斯的发展历史以及现在的作用。
2. 查找资料，了解中国外向型经济的发展状况。
3. 查找资料，了解什么是微笑曲线，它的来由是什么。

# 29 道琼斯百年发展史（一）

## 第1步 词语热身 阅读前请熟悉这些词语

1. 无人不知 wú rén bù zhī 没有人不知道，即人人都知道。
   ◎ 美国的华尔街，全世界金融界无人不知。
2. 敏感 mǐngǎn 形 （生理上或心理上）对外界事物反应很快。
   ◎股票市场对经济的变化很敏感。
3. 经纪人 jīngjìrén 名 指市场上为买卖双方提供中介服务并从中收取佣金的人。
   ◎ 他是我的股票经纪人。
4. 闻名于世 wénmíng yú shì 在世界上很有名。
   ◎ 北京烤鸭以其独特的品质而闻名于世。
5. 贪婪 tānlán 形 希望得到更多，不知满足。
   ◎ 任何贪婪和自私都会影响其公众形象而导致信誉下降。
6. 起步 qǐbù 动 比喻事情开始进行。
   ◎ 我们公司虽然刚刚起步，但发展势头很猛，发展前景良好。
7. 债券 zhàiquàn 名 企业、银行或股份公司发行的债权人领取本息的凭证。
   ◎ 最近银行又出现了排队购买债券的情况。
8. 放任自流 fàng rèn zì liú 听其自然发展，不加约束或干涉。
   ◎ 资本主义初期，许多国家对市场持放任自流的态度。
9. 约束机制 yuēshù jīzhì 限制使其不超出范围的制度或方式。
   ◎ 由于国家的法律还不完善，对一些行业缺乏约束机制，导致腐败现象时有发生。
10. 监管 jiānguǎn 动 监督管理。
    ◎ 中国从今年起将加大对股票市场的监管力度。
11. 投机 tóujī 动 利用时机谋取私利。
    ◎ 由于监管力度的加大，投机行为逐渐减少。
12. 牟取 móuqǔ 动 通过不正当手段获取（名利）。
    ◎ 很多投机者钻了法律的空子从一些非法贸易中牟取暴利。

| | | | | |
|---|---|---|---|---|
| 13 | 崩溃 | bēngkuì | 动 | 完全破坏；垮台（多指国家政治、经济、军事等）也指人由于过度悲伤或遭受过度刺激，超过心理承受极限而情绪失控。<br>◎ 电脑崩溃 / 经济崩溃 / 心理崩溃 |
| 14 | 鉴于 | jiànyú | 介 | 以某种情况为前提加以考虑。<br>◎ 鉴于公司的资金情况，我们应该尽量节省开支。 |
| 15 | 默默无闻 | mòmò wúwén | | 不出名，不被人知道。<br>◎ 两个默默无闻的年轻人在华尔街寻找发展的机会。 |
| 16 | 家当 | jiādàng | 名 | 家产。<br>◎ 一台打字机和一部电话就是他们的全部家当。 |
| 17 | 寥寥 | liáoliáo | 形 | 形容非常少。<br>◎ 30 年前懂股票的中国人寥寥无几，而现在证券交易所股民云集。 |
| 18 | 匮乏 | kuìfá | 动 | （物资）缺乏；贫乏。<br>◎ 由于资金匮乏，导致公司经营难以为继。 |
| 19 | 雏形 | chúxíng | 名 | 未定型前的形式。<br>◎ 这只是一个雏形，还没完全建好。 |
| 20 | 涵盖 | hángài | 动 | 包括；包容。<br>◎ 这个集团的业务涵盖了金融、科技、娱乐、零售等多个行业。 |
| 21 | 指数 | zhǐshù | 名 | 用于测定多个项目在不同场合下综合变动情况的一种特殊相对数。<br>◎ 道琼斯指数深刻影响着世界经济。 |

## 第2步　问题预览　阅读前请用 1 分钟浏览这些问题

1. 道琼斯指数在当今世界有什么影响？作用是什么？
2. 道琼斯指数有多少年历史了？
3. “纽约证券交易所”是什么时候成立的？
4. 华尔街是通过什么对美国的社会经济产生影响的？
5. 华尔街股市在最初的一百多年里是由于什么原因导致股市投机盛行的？
6. 道琼斯公司的成立适应了当时的什么需求？
7. 道琼斯公司创立之初是什么样的情形？其主要业务是什么？

8. 最初的道理斯指数是怎么回事？

9. 为了适应蓬勃发展的商界对信息日益迫切的需求，公司领导人对此有何举措？

10. 介绍一下 1896 年查尔斯·道首次在《华尔街日报》上发表的道琼斯指数。

## 第3步 快速阅读　快速阅读课文，回答第 2 步的问题

### 道琼斯百年发展史（一）

（字数：1315　参考时间：8 分钟）

提起美国道琼斯指数，全世界几乎无人不知。在纽约证券交易所的营业时间里，每隔半小时就公布一次道琼斯股票价格平均指数。道指从它产生之日起，从未间断，成为反映美国股市行情变化最敏感的指数之一，堪称观察市场动态和从事股票投资的主要参考。而道指一百多年的发展史，也几乎就是一幅美国经济兴衰的晴雨表。

1792 年，纽约的 24 名经纪人在曼哈顿岛南端的华尔街 11 号组织了“纽约证券交易会”，这就是后来闻名于世的“纽约证券交易所”。当时的人们无论如何不会想到，随着股票交易的发展，华尔街这条仅有 500 米长的街道竟逐渐成为世界金融中心。然而在相当长的一段时期里，华尔街又被许多人视为自私、贪婪和充满罪恶的地方。

自从 1792 年正式起步以来，华尔街就通过发行大量股票和债券对美国的社会经济产生巨大影响。不过在最初一百多年间，由于美国政府奉行对市场放任自流的理念，交易者又缺乏约束机制，使得股市因缺乏监管而投机盛行。另一方面，各种上市公司又不惜通过编造虚假信息牟取暴利。1870 年，华尔街的一家报纸曾讽刺道，在这个充满阴谋的时代，公司财务报表所提供的信息都是精心编造的。凡此种种，都造成华尔街早期市场高度混乱，股市崩溃的频率也非常高。鉴于这种情形，到 19 世纪末，人们强烈希望能够通过其他渠道了解股市的真实信息。恰在此时，几个原本默默无闻的年轻人开创了一种能够真实反映股市指数的信息通道，从而满足了时代的需求。

1882 年 11 月，两位年轻的记者查尔斯·道、爱德华·琼斯在华尔街 15 号一间狭小的办公室里成立了道琼斯公司，当时他们的全部家当只有一台打字机和一部电话。道琼斯公司成立后不久，另一位记者查尔斯·伯格斯特里瑟作为第三个伙伴加入进来，不过公司的名字并没有随之改变。

正如创立者们当初的设想一样，道琼斯公司的主要业务是发布与股市有关的各种真实可靠的信息。公司成立后所做的第一项业务，就是一份只有两页的晚报。在好不容易拉到寥寥

几个客户后，在位于纽约证券交易所附近的一间地下室里，道和琼斯用手工编写了一份名为《顾客晚报》的简讯，其内容为股市相关信息。由于经费匮乏，他们甚至只能把这些信息重复抄写在 24 份劣质的纸张上，然后通过市内快递送到华尔街的每一位订阅者手中。出乎他们意料的是，一直备受虚假信息困扰的股民们立即对他们的精确信息发生了兴趣。在初战告捷后，道琼斯公司于 1884 年 7 月 3 日推出了一项包含 11 种股票的指数，其中包括 9 家铁路公司和两家汽轮公司的平均价格，以及时追踪股市，这也是后来道琼斯指数的雏形。

为适应蓬勃发展的商界对信息日益迫切的需求，两位公司领导人决定扩大经营规模，将原先的简讯改为大型报纸。1889 年 7 月 8 日，由该公司出版的专门报道金融消息的《华尔街日报》问世。1896 年 5 月 26 日，查尔斯·道在《华尔街日报》上首次发表了 30 种工业股票平均价格指数，即人们常说的道琼斯指数。作为世界上历史最为悠久的股票指数，它以在纽约证券交易所挂牌上市的一部分有代表性的公司股票作为编制对象，涵盖金融、科技、娱乐、零售等多个行业，目的在于反映美国股票市场的总体走势。

1902 年 3 月，道琼斯公司以 13 万美元的价格卖给新闻业巨头克拉伦斯·拜伦。就在这一年，查尔斯·道离开了人世，但是他所创建的股票指数却深刻影响着世界经济，并一直延续至今。

## 第 4 步　仔细阅读　仔细阅读课文，完成下列练习

### 一　结合课文内容解释词语

1. 晴雨表

2. 初战告捷

### 二　根据课文内容判断正误

(　　) 1. 道琼斯指数是反映美国股市行情变化最敏感的指数。

(　　) 2. 美国政府一直奉行对市场放任自流的理念，交易者又缺乏约束机制，使得股市因缺乏监管而投机盛行。

(　　) 3. 1882 年 11 月，道琼斯公司成立。不久，另一位记者查尔斯·伯格斯特里瑟作为第三个伙伴加入进来，公司的名字随之改变。

(　　) 4. 很多股民对道琼斯公司的《顾客晚报》都很感兴趣。

(　　) 5. 1896 年查尔斯·道在《华尔街日报》上首次发表的 30 种工业股票平均价格指数即为道琼斯指数的雏形。

（　　）6. 道琼斯指数涵盖金融、科技、娱乐、零售等多个行业，达到了反映美国股票市场的总体走势的目的。

## 三 选择合适的词语填空

1. 道指从它产生之日起，从未间断，成为反映美国股市行情变化最（1）的指数之一，堪称观察市场动态和从事股票（2）的主要参考。而道指一百多年的发展史，也几乎就是一幅美国经济兴衰的晴雨表。

2. （3）这种情形，到 19 世纪末，人们强烈希望能够通过其他渠道了解股市的真实信息。恰在此时，几个原本（4）的年轻人开创了一种能够真实反映股市指数的信息通道，从而满足了时代的需求。

（1）A. 敏锐　　B. 敏感　　C. 敏捷

（2）A. 投机　　B. 投递　　C. 投资

（3）A. 对于　　B. 鉴于　　C. 关于

（4）A. 默默无闻　　B. 默不作声　　C. 闻名于世

## 四 根据课文内容填空（每空填一个汉字）

为适应蓬勃发展的商界对信息日______迫切的需求，道琼斯领导人将原先的简讯改为大型报纸，从而扩大了经营规______。1889 年 7 月 8 日，由该公司出版的专门报道金融消息的《华尔街日报》问______。1896 年 5 月 26 日，道琼斯指数诞生。这是世界上历史最为______久的股票指数，它以在纽约证券交易所挂牌上市的一部分有代表性的公司股票作为编制对象，涵盖金融、科技、娱乐、零售等多个行业，目的在于反映美国股票市场的总体走______。

# 第5步 深入理解　深入理解课文，完成下列练习

## 五 请说说课文的写作顺序，并谈谈这样写有什么好处

## 六 讨论

谈谈你对道琼斯指数的看法。

## 注释

### 1. 无论如何不会想到

表示完全没有想到，绝对没有想到。例如：

（1）当时的人们无论如何不会想到，随着股票交易的发展，华尔街这条仅有 500 米长的街道竟逐渐成为世界金融中心。

（2）大家无论如何不会想到，随着政府对房地产市场的调控，房价竟然真的降下来了。

### 2. 凡此种种

以上所有的情况。用于概括分析，多用于对不好现象的评论。例如：

（1）在最初的一百多年间，由于美国政府奉行对市场放任自流的理念，交易者又缺乏约束机制，使得股市因缺乏监管而投机盛行。另一方面，各种上市公司又不惜通过编造虚假信息牟取暴利。1870 年，华尔街的一家报纸曾讽刺道，在这个充满阴谋的时代，公司财务报表所提供的信息都是精心编造的。凡此种种，都造成华尔街早期市场高度混乱，股市崩溃的频率也非常高。

（2）工作难找，物价上涨，房价又一直飙升，凡此种种，把年轻人压得喘不过气来。

### 3. 好不容易

形容费了很大的周折或力气才做成某事。也说“好容易”。例如：

（1）在好不容易拉到寥寥几个客户后，在位于纽约证券交易所附近的一间地下室里，道和琼斯用手工编写了一份名为《顾客晚报》的简讯，其内容为股市相关信息。

（2）最近房地产市场不景气，一个月好容易才卖出几套房子。

# 30 道琼斯百年发展史（二）

## 第1步 词语热身 阅读前请熟悉这些词语

1 资本市场 zīběn shìchǎng 资本市场是指证券融资和经营一年以上中长期资金借贷的金融市场。

◎ 经过改革开放30多年的发展，中国的资本市场日趋成熟。

2 分歧 fēnqí 名 （思想、意见、记载等）不一致，有差别。

◎ 在是否转变经营思路的问题上，公司领导人的意见出现了严重分歧。

3 毁于一旦 huǐ yú yídàn 于：在；一旦：一天之间。在一天之内全被毁掉。多指长期劳动的成果一下子被毁掉。

◎ 由于公司领导人的决策失误，导致公司多年的奋斗成果毁于一旦。

4 信誓旦旦 xìn shì dàndàn 誓言好像诚恳可信。贬义。

◎ 他信誓旦旦地对我说该公司的股票绝对值得投资。

5 追捧 zhuīpěng 动 追求并欢迎。

◎明星的言行受到了粉丝们的追捧。

6 晴雨表 qíngyǔbiǎo 名 比喻能敏锐地反映某种变化的事物。

◎ 道琼斯指数是反映美国股市行情的晴雨表。

7 大起大落 dà qǐ dà luò 升降起伏很大。

◎ 面对金融危机，我们应采取措施避免经济的大起大落。

8 复苏 fùsū 动 经济萧条结束后的生产逐渐恢复、市场渐趋活跃、物价回升、利润增加等。

◎ 在一系列措施的刺激下，当地经济开始复苏了。

9 接踵而来 jiē zhǒng ér lái 形容接连不断。踵：脚后跟。

◎ 失业以后，妻子离家出走了，女儿病了，母亲也住进了医院，各种打击接踵而来。

10 跌落 diēluò 动 （价格、产量等）下降。

◎ 受金融危机的影响，股价开始大幅跌落。

11 蔓延 mànyán 动 形容像蔓草一样不断向周围扩展。

◎ 金融危机正在世界各国蔓延开来。

## 第2步 问题预览 阅读前请用 1 分钟浏览这些问题

1. 说说 20 世纪以后道琼斯公司的业务走势。
2. 为什么 21 世纪初《华尔街日报》广告减少了？
3. 传媒巨头默多克当时为什么收购道琼斯？
4. 默多克打算收购道琼斯时遇到了什么问题？后来是怎么解决的？
5. 2007 年 8 月 1 日，默多克以多少美元收购了道琼斯？
6. 道琼斯指数为什么能成为世界金融文化的代号？
7. 为什么说道琼斯指数是华尔街股市的晴雨表？
8. 耶鲁大学教授欧文·费希尔对股市的估计是否准确？
9. 一战后道琼斯指数经历了怎样的变化？
10. 二战后道琼斯指数经历了怎样的变化？原因是什么？

## 第3步 快速阅读 快速阅读课文，回答第 2 步的问题

### 道琼斯百年发展史（二）

（字数：965　参考时间：6 分钟）

进入 20 世纪后，道琼斯公司的业务蒸蒸日上。拜伦去世后，女儿和女婿班克罗夫特继承父业，从此班克罗夫特家族开始了对道琼斯集团的控制。在以后的岁月里，道琼斯旗舰报纸《华尔街日报》成长为美国乃至世界最权威的财经商务报纸。但 21 世纪初，由于管理层经营不善，道琼斯发展落后于路透集团等竞争对手。《华尔街日报》广告在减少，股价不断下跌。此时，传媒巨头默多克决定收购道琼斯。

由于《华尔街日报》一向以独立采编著称，该报编辑部握有对道琼斯工业指数成员的最后决定权，他们会不定期地开会审议成分股名单。《华尔街日报》编辑部坚持认为自己拥有足够的判断力，选择最能代表美国和全球资本市场的 30 家公司。班克罗夫特家族在是否出售道琼斯问题上产生严重分歧。人们担心一旦被默多克收购，《华尔街日报》独立的新闻特质将毁于一旦。为此，默多克致信班氏家族，信誓旦旦地表示，收购后不会干涉采编。双方签订编务独立协议，默多克同意组建拥有 5 名成员的特别委员会，确保道琼斯出版物及服务继续保持公正性及独立性。2007 年 8 月 1 日，传媒大王默多克的新闻集团以 56 亿美元收购

道琼斯。

由于道琼斯指数规模较大，声誉卓著，具有行业代表性，并且为大多数投资者所追捧，其细微的变化往往能带给亿万人惊恐或狂喜。因此从某种程度上讲，道琼斯指数已经不是一个普通的财务指标，而已成为世界金融文化的代号。

20 世纪以来，作为华尔街股市的晴雨表，道琼斯指数也如同美国经济一样经历了大起大落。一战结束后不久，美国股市就进入了一个疯狂的牛市。在 20 世纪 20 年代，除了 1923 年外，道琼斯指数居然连续 8 年上涨，增幅高达 50%，创造了资本主义经济史上的奇迹。整个 20 世纪 20 年代，人们对经济前景的自信集中地体现在股票市场，耶鲁大学的教授欧文·费希尔在 1929 年秋天还宣布："股票价格已达到的高度看起来好像是持久的。"然而当 1929 年股市崩溃后，道琼斯指数几天内就下跌了 24%。

二战结束后，美国经济再度飞速发展，道琼斯指数也开始复苏。1972 年，道琼斯指数终于达到 1,000 点。在接踵而来的石油危机中，道琼斯指数又像天气预报一样回落，美国股市随后果然大幅跌落。进入 20 世纪 90 年代后，道琼斯指数开始迅猛上涨。1999 年 3 月首次超过 10,000 点大关，2007 年 7 月更是首次突破 14,000 点。这十多年也正是美国经济持续增长的时期。2007 年底以来，随着美国金融危机的蔓延，道琼斯指数也一路走低，直观地体现了美国经济的走向。

## 第4步 仔细阅读　仔细阅读课文，完成下列练习

### 一　结合课文内容解释词语

1. 传媒巨头

2. 代号

3. 直观

### 二　根据课文内容判断正误

(　　) 1. 拜伦去世后，班克罗夫特家族开始了对道琼斯集团的控制。由于管理层经营不善，《华尔街日报》广告在减少，股价不断下跌。

(　　) 2. 班克罗夫特家族都同意出售道琼斯。

(　　) 3. 默多克保证收购道琼斯后会继续保持《华尔街日报》的独立采编权。

(　　) 4. 道琼斯指数只是一个普通的财务指标，称不上是世界金融文化的代号。

(　　) 5. 20 世纪以来，作为华尔街股市的晴雨表，道琼斯指数也如同美国经济一样经历了大起大落。

(　　) 6. 二战结束后，道琼斯指数一直不断下跌，道琼斯指数随着美国经济的变化而变化。

## 三 选择合适的词语填空

《华尔街日报》编辑部坚持认为自己拥有足够的判断力，选择最能代表美国和全球资本市场的 30 家公司。班克罗夫特家族在是否出售道琼斯这个问题上产生严重__（1）__。人们担心一旦被默多克收购，《华尔街日报》独立的新闻特质将__（2）__。为此，默多克致信班氏家族，__（3）__地表示，收购后不会干涉采编。

（1）A. 分化　　B. 分歧　　C. 分散

（2）A. 毁于一旦　　B. 改头换面　　C. 束之高阁

（3）A. 诚惶诚恐　　B. 口无遮拦　　C. 信誓旦旦

## 四 根据课文内容填空（每空填一个汉字）

20 世纪以来，华尔街股市成为了美国经济的的晴雨______，道琼斯指数也如同美国经济一样经历了大起大______。一战结束后不久，美国股市就进入了一个疯狂的牛市，创造了资本主义经济史上的奇______。然而，此后即陷入跌落。二战结束后，美国经济再______飞速发展，道琼斯指数也开始复苏。1972 年，道琼斯指数终于达到 1,000 点。在接踵而来的石油危______中，道琼斯指数又像天气预报一样回落，美国股市随后果然大幅跌落。

# 第5步 深入理解　深入理解课文，完成下列练习

## 五 请分析下面这段话的写作特点

20 世纪以来，作为华尔街股市的晴雨表，道琼斯指数也如同美国经济一样经历了大起大落。一战结束后不久，美国股市就进入了一个疯狂的牛市。在 20 世纪 20 年代，除了 1923 年外，道琼斯指数居然连续 8 年上涨，增幅高达 50%，创造了资本主义经济史上的奇迹。整个 20 世纪 20 年代，人们对经济前景的自信集中地体现在股票市场，耶鲁大学的教授欧文・费希尔在 1929 年秋天还宣布：“股票价格已达到的高度看起来好像是持久的。”然而当 1929 年股市崩溃后，道琼斯指数几天内就下跌了 24%。

## 六 讨论

你认为道琼斯指数对世界经济的影响有哪些？

# 注释

### 1. 不定期地

没有固定间隔出现的情况或做的事情。例如：

（1）他们会不定期地开会审议成分股名单。

（2）公司里不定期地组织企划讨论。

### 2. 再度

再次，第二次。多用于正式语体。例如：

（1）二战结束后，美国经济再度飞速发展，道琼斯指数也开始复苏。

（2）中国房地产市场再度陷入低迷。

# 31 外向经济环境中的家具之都

## 第1步 问题预览 阅读前请用 1 分钟浏览这些问题

1. 广东省顺德市乐从镇是一个以经营什么闻名的地方？
2. 乐从镇的经营规模有多大？
3. 乐从镇所走的经营道路是什么？
4. 如今他们的生意怎么样？
5. “吃现成的饭”是什么意思？
6. 社会各界希望乐从镇的家具行业作出什么决定？
7. “但是家具之都却不见动静”中“不见动静”是什么意思？
8. 乐从镇的家具行业为什么不搞自主研发？
9. 怎样理解“乐从的家具在模仿中有所进益”这句话？
10. 外国商人对乐从经济怎么看？

## 第2步 快速阅读 快速阅读课文，回答第 1 步的问题

### 外向经济环境中的家具之都

（字数：1120 参考时间：7 分钟）

广东省顺德市乐从镇 2004 年被中国轻工业联合会授予“中国家具商贸之都”的荣誉称号。现在的乐从家具市场共有 180 多座家具商城，建筑总面积 280 多万平方米，有商铺 3,800 多个，容纳了国内 3,800 多家经销商，展销来自全国和世界各地的家具产品 2 万多种。

可是，有谁会想到家具之都的第一套家具是“抄”来的？但在物资紧缺的时代，这样的家具是做一套卖一套，主干道 325 国道旁搭起简易的产品展示铁棚、木棚，是十里家具长廊的雏形。几十年过去了，如今的家具之都依然在走仿制之路，面对呼啸而来的金融危机，每天都可以看到有厂家撤离顺德乐从镇的卖场，同时也有新的厂家进入。生意有点儿冷清，但

是厂家们还是抱着“还是吃现成饭吧”的观念，大家只想着怎么多造多卖，自主研发便无从谈起。虽然社会各界希望乐从做原创设计，研发自主品牌的呼声越来越高，但是家具之都却不见动静。

原来，曾经有厂家尝试组建自己的设计团队，研发自主品牌。几名大学生画了许多图，但是没法跟厂家的设计比，做出来的产品不能兼顾实用性和艺术性，研发出来的自主品牌当然也就不理想；而且欧美国家的设计和工艺在高档家具产品中占绝对的主导地位，自然欧美市场领导了全世界的家具潮流。这两个因素坚定了厂家通过“取各个厂家所长”的方式，保证家具的质量和数量。这种“改进设计”的思路还有一种好处就是可以在卖场即时受顾客检验，并做出相应的调整，具有灵活多变的特点。

然而，不可否认的是，乐从的家具在模仿中有所进益。含金量高的品牌没拿出来，企业通过材质和工艺争高下。中国工匠们花大力气深雕刻和深描绘出来的产品工艺让国外的行家们大为赞赏。这些年来，在意大利米兰国际家具展上，可以看到中国制作的产品。据说国外的一些行家们已经分不清楚哪些是他们的工艺，哪些出自中国工匠之手。金融海啸期间，顺德出口家具的品种尝试从传统型家具为主向多元化家具转变，以单一家居形式向多功能家居形式和绿色家具并重转变，以木家具为主向多种原料较之各取其长的型式格局转变。通过开发中高档家具产品和优化产品组合，加之与日韩原创设计出众相比的价格优势，与印尼、土耳其相比的品种之多、变化之快的优势，乐从的家具行业并未受到致命打击。

在广东十年一遇的寒冷天气里，顺德市乐从镇马路上跑的是运家具的车，走的是来看家具的人。一位外国商人看了乐从的家具之后，感慨地说：“我们想要的，或者我们还没有想到的产品，在乐从都能找到。”虽然遭遇了金融危机的阴霾，但是正如另一位外国商人所说：“全世界都盯着乐从，这里不会停下来。”

乐从，没有培植自主品牌土壤的乐从，摆脱不了仿制之帽的乐从，世人复杂的眼神中的乐从，都是中国的乐从。一个没有自主品牌，却立足于世界家具舞台的乐从。乐从未来的发展会不会向品牌研发小步迈进，我们拭目以待。

## 第3步 仔细阅读　仔细阅读课文，完成下列练习

### 一 结合课文内容解释词语

1. 有所进益

2. 各取其长

3. 拭目以待

## 二 根据课文内容选择正确答案

1. 乐从的厂家不研发自主品牌，他们有什么苦衷？
   A. 曾经设计过，但大学生设计出来的产品不能兼顾实用性和艺术性
   B. 欧美国家的设计和工艺在高档家具产品中占绝对的主导地位
   C. 以上两者兼而有之
2. 没有含金量高的自主品牌，乐从的厂家与国外的品牌一争高低靠的是什么？
   A. 材质和价格　　B. 材质和工艺　　C. 工艺和数量
3. 乐从的家具行业没有受到金融海啸的致命打击，原因是什么？
   A. 工艺一流　　B. 质量一流　　C. 价格优势和品种繁多
4. 作者对乐从未来发展走向的看法是什么？
   A. 一成不变　　B. 拭目以待　　C. 不容乐观

## 三 根据课文内容判断正误

(　　) 1. 乐从 2004 年被中国轻工业联合会授予“中国家具商贸之都”的荣誉称号。
(　　) 2. 乐从的第一套家具是自主研发的。
(　　) 3. 金融海啸促使乐从的厂家走上自主研发之路。
(　　) 4. 乐从凭借开发中高档家具和优化产品组合以及产品的价格优势、品种繁多、更新较快的优势，在世界家具舞台上争得了一席之地。
(　　) 5. 在乐从你会找到你意想不到的家具产品。
(　　) 6. 作者认为未来的乐从不会走仿制之路。

# 第 4 步 深入理解　深入理解课文，完成下列练习

## 四 讨论

你认为乐从如果依然走仿制之路，前景将如何？

## 注释

### 吃现成饭

比喻不劳而获，坐享其成。例如：

（1）生意有点儿冷清，但是厂家们还是抱着“还是吃现成饭吧”的观念，大家只想着怎么多造多卖，自主研发便无从谈起。

（2）有一些年轻人喜欢吃现成的饭，宁愿在家里“啃老”也不愿意去奋斗。

# 32 纺织之都的“微笑曲线”

## 第1步 问题预览 阅读前请用1分钟浏览这些问题

1.“中国的纺织之都”是指哪里？有什么特色？

2. 纺织之都兴起于什么时候？

3. 纺织之都是怎样从简陋的布料交易棚发展起来的？

4. 金融危机的到来暴露了纺织之都哪些方面的问题？

5. 在金融危机中倒下的几家纺织业巨头向绍兴众多企业传递了一个什么信号？

6. 一些企业破产重组之后，政府是如何对纺织之都进行监管的？

7. 对于政府的监管方式，各界的看法是什么？

8. 纺织之都要再创辉煌，需要作出哪些方面的努力？

9. 为了提升纺织之都的影响力和专业性，绍兴县作出了什么样的努力？

10. 纺织之都在困难面前会止步不前吗？

## 第2步 快速阅读 快速阅读课文，回答第1步的问题

### 纺织之都的“微笑曲线”

（字数：1165　参考时间：7分钟）

中国的纺织之都浙江省绍兴县柯桥，每年秋天这里都是绍兴人瞩目的焦点，闻名遐迩的国际纺织品博览会在这里召开，每年都能吸引到数千名外国商人和更多的国内销售商。与之相关的轻纺城指数，更被誉为全球纺织行业形势的晴雨表。

纺织之都兴起于上世纪80年代，当时绍兴县的路边开始出现大量简陋的布料交易棚。此后的十多年的时间里，绍兴经历了乡镇企业民营化改制等重要转折，其专业市场加产业集群的模式，成就了一流的纺织品交易市场定位，为数众多的纺织企业得以蓬勃生长。1997年绍兴县政府拿出当地主要的轻纺市场资产，组建了中国轻纺城公司。2000年前后，轻纺

城出现了外商。从此，纺织品出口风潮随之翻涌。一个常见的画面是，外商到市场后，前往企业看货后下单。这一简单的模式从此成为绍兴县的富豪流水生产线。是时，在浙江省和绍兴市的大力推动下，绍兴县柯镇成为国内最大的纺织品集散地。一时间，中国轻纺城汇集“天下万布”。纺织业完全成为绍兴市安身立命之本。

在厂家云集的绍兴县，机器是一流的，产品是二流的，管理是三流的，而且在快速的发展过程中，没有几个人琢磨过产能与市场的问题。正是因为这两个原因，一些企业由于产能与市场的不匹配、管理粗放等因素暴露了严重的资金问题。所以当金融危机真正来临时，全行业随即受到重挫。在金融危机中轰然倒下的几家纺织业巨头，无疑向绍兴众多企业传递了一个信号，曾经各家相互攀比的产能规模似乎已经成为毒药，真正的关键点是海外市场的兴衰。

随着一系列破产公司的重整工作接近尾声，国内外市场逐渐稳定，绍兴似乎开始平静下来。这一切都源于当地政府在这场大救赎中发挥了主导作用。之后，当地政府开始对民营企业加强监管。以往适用于国企和政府机关的监管方式被搬到民营企业中来。不过，对于该办法的可行性，有人相信有人怀疑。不欢迎这种监管方式的民企说出了他们的忧虑：他们担心政府官员进驻后会给他们带来麻烦。这种监管方式也未获得舆论支持，成效也尚不可知。

不过，对于绍兴来说，最关键的是对纺织业发展模式进行改革——当地拥挤在“微笑曲线[①]”底部的制造业，需要大幅调整。中国轻纺城需要“二次创业”，不仅要打造全球纺织品的制造中心，还要做贸易中心和创意中心。为了提升影响力和专业性，绍兴县投资50亿元“划行归市”，将单一的化纤面料市场，扩建为包括轻纺原料、纺织面料、服装辅料、家纺家饰、纺织机械等市场群。原本一年一度的柯桥纺博会改为一年两届，并升级为国家级展会。除此之外，绍兴县还尝试接通企业与海外采购商之间的贸易通道，缩短链条，削减中间商的层层利润。关乎纺织创意和设计的环节得到了展会纺织方的极大推介，来自全国各地的设计师和工作室云集柯桥。这样做虽然过程艰难，但对绍兴纺织业而言，是一个必须坚持的方向。

纺织之都在经历了金融危机的阵痛之后，还需经历改革到来的重重艰难，但她将不畏艰难险阻，朝着明日的辉煌大步前进。

## 第3步 仔细阅读 仔细阅读课文，完成下列练习

### 一 结合课文内容解释词语

1. 瞩目

① 微笑曲线：中国台湾企业家施振荣先生创建的产生发展策略理论。如微笑嘴型的一条曲线，两边向上，在产业链中，附加转移体现在两边——设计和销售，处于中间环节的制造附加值最低。

2. 闻名遐迩

3. 安身立命

## 二　根据课文内容判断正误

(　　) 1. 纺织之都兴起于 20 世纪 80 年代。
(　　) 2. 纺织业是绍兴县经济的支柱产业。
(　　) 3. 纺织之都的机器、产品和管理都是一流的。
(　　) 4. 绍兴县的纺织厂家曾经互相攀比生产能力。
(　　) 5. 适用于国企和政府机关的监管方式同样适合民营企业。
(　　) 6. 纺织之都要振兴必须对纺织业的发展模式进行改革。

## 三　请整理出课文第 2 段的结构关系

# 第 4 步　深入理解　深入理解课文，完成下列练习

## 四　讨论

你认为纺织之都的改革效果会怎么样？为了帮助纺织之都重建辉煌，你有什么更好的建议？

# 注释

### 1. 一时间

在很短的时间内。多用于口语。例如：

（1）在浙江省和绍兴市的大力推动下，绍兴县柯镇成为国内最大的纺织品集散地。一时间，中国轻纺城汇集“天下万布”。

（2）为了解决交通问题，政府出台了限购汽车的政策。一时间，人们争相报名参加摇号，等待购买汽车的人反而增加了。

2. 一年一度

一年一次。用于每年都有规律发生的事情。例如：

（1）原本一年一度的柯桥纺博会改为一年两届，并升级为国家级展会。

（2）随着春节的临近，一年一度的春运又拉开了帷幕。

## 阅读指导

扩充词汇的方法之三：同义词法

通过寻找同义词进行词汇扩充也是一个简单易行积累词汇的好办法。同义词是词义相同或相近的词。汉语中存在着很多同义词。同义词对丰富语言表达有着不可忽视的作用。相近的词，意思会有细微的差别，这种差别有时体现在形象上，有时体现在语体风格上，有时体现在地域色彩上，有时体现在语言的丰富、形式的活泼上。同义词是属于同一个大的语义范围的，因此通过寻找同义词可以积累大量意思相关的词汇。例如：

匮乏—— 缺乏、贫乏

涵盖—— 包括、包含、包容

## 休闲阅读

### 老建筑师的礼物

有位老建筑师，一生建造了无数样式优美、质量坚固的房子。他准备退休，老板却舍不得他走，再三挽留。但老建筑师去意已决，老板只好答应。不过老板请他最后再帮忙建造一座房子。老建筑师同意了。

在建造过程中，老建筑师很不耐烦，用料也不严格，工程也没有往日那么精准。老板没有说什么，只是在房子盖好后，把钥匙交给了老建筑师，说："这是你的房子，我送给你的礼物。"

老建筑师愣住了，感到万分后悔和羞愧。

# 词语总表

## A

| | | | |
|---|---|---|---|
| 安抚 | ānfǔ | 动 | 13 |

## B

| | | | |
|---|---|---|---|
| 跋山涉水 | bá shān shè shuǐ | | 5 |
| 白手起家 | báishǒu qǐjiā | | 26 |
| 榜上有名 | bǎng shàng yǒu míng | | 9 |
| 榜首 | bǎngshǒu | 名 | 26 |
| 崩溃 | bēngkuì | 动 | 29 |
| 壁垒 | bìlěi | 名 | 1 |
| 便捷 | biànjié | 形 | 5 |
| 并举 | bìngjǔ | 动 | 26 |
| 不胜枚举 | bú shèng méi jǔ | | 14 |

## C

| | | | |
|---|---|---|---|
| 采纳 | cǎinà | 动 | 13 |
| 沧桑 | cāngsāng | 名 | 13 |
| 承接 | chéngjiē | 动 | 25 |
| 充斥 | chōngchì | 动 | 17 |
| 筹备 | chóubèi | 动 | 13 |
| 雏形 | chúxíng | 名 | 29 |
| 触目惊心 | chù mù jīng xīn | | 13 |
| 创意 | chuàngyì | 名 | 26 |
| 纯利润 | chúnlìrùn | 名 | 10 |
| 磋商 | cuōshāng | 动 | 5 |

## D

| | | | |
|---|---|---|---|
| 打动 | dǎdòng | 动 | 9 |
| 大饱眼福 | dà bǎo yǎnfú | | 14 |
| 大陆桥 | dàlùqiáo | 名 | 6 |
| 大起大落 | dà qǐ dà luò | | 30 |
| 倒闭 | dǎobì | 动 | 21 |
| 得天独厚 | dé tiān dú hòu | | 2 |
| 低端 | dīduān | 形 | 25 |
| 玷污 | diànwū | 动 | 13 |
| 奠定 | diàndìng | 动 | 6 |
| 跌落 | diēluò | 动 | 30 |
| 鼎盛 | dǐngshèng | 形 | 17 |
| 东道国 | dōngdàoguó | 名 | 14 |
| 东道主 | dōngdàozhǔ | 名 | 14 |

## E

| | | | |
|---|---|---|---|
| 恶作剧 | èzuòjù | 名 | 9 |

## F

| | | | |
|---|---|---|---|
| 发扬光大 | fāyáng guāngdà | | 5 |
| 乏力 | fálì | 动 | 17 |
| 乏术 | fáshù | 动 | 17 |
| 放任自流 | fàng rèn zì liú | | 29 |
| 非凡 | fēifán | 形 | 2 |
| 分歧 | fēnqí | 名 | 30 |
| 份额 | fèn'é | 名 | 25 |
| 风餐露宿 | fēng cān lù sù | | 5 |
| 风尘 | fēngchén | 名 | 13 |
| 风靡 | fēngmǐ | 动 | 10 |
| 风险投资 | fēngxiǎn tóuzī | | 10 |
| 辐射 | fúshè | 动 | 2 |
| 负债 | fùzhài | 名 | 17 |
| 复苏 | fùsū | 动 | 30 |

## G

| | | | |
|---|---|---|---|
| 改制 | gǎi//zhì | 动 | 22 |
| 高端 | gāoduān | 形 | 26 |
| 格局 | géjú | 名 | 1 |
| 共识 | gòngshí | 名 | 5 |
| 构建 | gòujiàn | 动 | 6 |
| 构想 | gòuxiǎng | 动/名 | 5 |
| 构筑 | gòuzhù | 动 | 6 |
| 股份 | gǔfèn | 名 | 10 |
| 刮目相看 | guā mù xiāng kàn | | 9 |
| 关停并转 | guān tíng bìng zhuǎn | | 21 |
| 规模 | guīmó | 名 | 25 |

## H

| | | | |
|---|---|---|---|
| 涵盖 | hángài | 动 | 29 |
| 罕见 | hǎnjiàn | 形 | 26 |
| 号称 | hàochēng | 动 | 2 |
| 核心 | héxīn | 名 | 25 |
| 后发优势 | hòu fā yōushì | | 25 |
| 厚望 | hòuwàng | 名 | 26 |
| 互补 | hùbǔ | 动 | 5 |
| 互动 | hùdòng | 动 | 1 |
| 荒凉 | huāngliáng | 形 | 26 |
| 毁于一旦 | huǐ yú yídàn | | 30 |

## J

| | | | |
|---|---|---|---|
| 机遇 | jīyù | 名 | 6 |
| 积蓄 | jīxù | 名 | 9 |
| 寄予 | jìyǔ | 动 | 26 |
| 家当 | jiādàng | 名 | 29 |
| 监管 | jiānguǎn | 动 | 29 |
| 兼并 | jiānbìng | 动 | 21 |
| 鉴于 | jiànyú | 介 | 29 |
| 接包 | jiēbāo | 动 | 25 |
| 接踵而来 | jiē zhǒng ér lái | | 30 |
| 节点 | jiédiǎn | 名 | 1 |
| 结合部 | jiéhébù | 名 | 5 |
| 界面 | jièmiàn | 名 | 9 |
| 经纪人 | jīngjìrén | 名 | 29 |
| 净利润 | jìnglìrùn | 名 | 10 |
| 崛起 | juéqǐ | 动 | 1 |

## K

| | | | |
|---|---|---|---|
| 开拓 | kāituò | 动 | 6 |
| 堪称 | kānchēng | 动 | 14 |
| 克星 | kèxīng | 名 | 9 |
| 控股 | kònggǔ | 动 | 10 |
| 口碑 | kǒubēi | 名 | 17 |
| 哭笑不得 | kū xiào bù dé | | 9 |
| 款 | kuǎn | 名 | 10 |
| 亏损 | kuīsǔn | 动 | 22 |
| 匮乏 | kuìfá | 动 | 29 |
| 扩充 | kuòchōng | 动 | 10 |

## L

| | | | |
|---|---|---|---|
| 立足 | lìzú | 动 | 22 |
| 隶属 | lìshǔ | 动 | 22 |
| 联运 | liányùn | 动 | 6 |
| 寥寥 | liáoliáo | 形 | 29 |
| 流程 | liúchéng | 名 | 25 |
| 流入市面 | liúrù shìmiàn | | 13 |
| 流失量 | liúshīliàng | 名 | 13 |

## M

| | | | |
|---|---|---|---|
| 蔓延 | mànyán | 动 | 30 |
| 每逢 | měiféng | 副 | 14 |
| 魅力 | mèilì | 名 | 2 |
| 面世 | miànshì | 动 | 18 |
| 面值 | miànzhí | 名 | 13 |

| | | | |
|---|---|---|---|
| 瞄准 | miáozhǔn | 动 | 26 |
| 敏感 | mǐngǎn | 形 | 29 |
| 模式 | móshì | 名 | 18 |
| 没落 | mòluò | 动 | 21 |
| 默默无闻 | mòmò wúwén | | 29 |
| 牟取 | móuqǔ | 动 | 29 |
| 募捐 | mùjuān | 动 | 13 |
| **N** | | | |
| 囊括 | nángkuò | 动 | 5 |
| 凝结 | níngjié | 动 | 21 |
| 扭亏为盈 | niǔ kuī wéi yíng | | 10 |
| **P** | | | |
| 庞大 | pángdà | 形 | 6 |
| 配套 | pèitào | 动 | 1 |
| 配置 | pèizhì | 动 | 6 |
| 毗邻 | pílín | 动 | 2 |
| 品位 | pǐnwèi | 名 | 2 |
| 瓶颈 | píngjǐng | 名 | 21 |
| 迫在眉睫 | pò zài méi jié | | 21 |
| 破产 | pòchǎn | 动 | 21 |
| **Q** | | | |
| 起步 | qǐbù | 动 | 29 |
| 契机 | qìjī | 名 | 5 |
| 签署 | qiānshǔ | 动 | 9 |
| 前身 | qiánshēn | 名 | 10 |
| 强劲 | qiángjìng | 形 | 1 |
| 切实可行 | qièshí kěxíng | | 2 |
| 侵害 | qīnhài | 动 | 21 |
| 倾尽 | qīngjìn | 动 | 14 |
| 晴雨表 | qíngyǔbiǎo | 名 | 30 |
| **R** | | | |
| 染指 | rǎnzhǐ | 动 | 18 |

| | | | |
|---|---|---|---|
| 认同 | rèntóng | 动 | 21 |
| 弱不禁风 | ruò bù jīn fēng | | 10 |
| **S** | | | |
| 三位一体 | sān wèi yì tǐ | | 26 |
| 商标 | shāngbiāo | 名 | 22 |
| 商号 | shānghào | 名 | 22 |
| 申诉 | shēnsù | 动 | 18 |
| 生涯 | shēngyá | 名 | 14 |
| 市场分割 | shìchǎng fēngē | | 1 |
| 市场占有率 | shìchǎng zhànyǒulǜ | | 18 |
| 率先 | shuàixiān | 副 | 1 |
| 双赢 | shuāngyíng | 动 | 6 |
| 诉讼 | sùsòng | 名 | 18 |
| **T** | | | |
| 态势 | tàishì | 名 | 1 |
| 贪婪 | tānlán | 形 | 29 |
| 同比 | tóngbǐ | 动 | 10 |
| 投机 | tóujī | 动 | 29 |
| 推进 | tuījìn | 动 | 1 |
| 推移 | tuīyí | 动 | 1 |
| **W** | | | |
| 外包 | wàibāo | 动 | 10 |
| 维系 | wéixì | 动 | 17 |
| 委托 | wěituō | 动 | 18 |
| 闻名于世 | wénmíng yú shì | | 29 |
| 紊乱 | wěnluàn | 形 | 17 |
| 稳居 | wěnjū | 动 | 26 |
| 问世 | wènshì | 动 | 18 |
| 无人不知 | wú rén bù zhī | | 29 |
| 无暇顾及 | wúxiá gùjí | | 9 |
| **X** | | | |
| 遐想 | xiáxiǎng | 名 | 5 |

| | | | |
|---|---|---|---|
| 显要 | xiǎnyào | 形 | 5 |
| 享誉 | xiǎngyù | 动 | 22 |
| 向往 | xiàngwǎng | 动 | 13 |
| 消耗 | xiāohào | 动 | 25 |
| 协议 | xiéyì | 动 / 名 | 18 |
| 写照 | xiězhào | 名 | 22 |
| 心底无私 | xīndǐ wúsī | | 14 |
| 信誓旦旦 | xìn shì dàndàn | | 30 |
| 削弱 | xuēruò | 动 | 17 |

**Y**

| | | | |
|---|---|---|---|
| 延伸 | yánshēn | 动 | 17 |
| 研发 | yánfā | 动 | 18 |
| 仰仗 | yǎngzhàng | 动 | 17 |
| 业绩 | yèjì | 名 | 18 |
| 一体化 | yìtǐhuà | 动 | 1 |
| 依存 | yīcún | 动 | 6 |
| 依托 | yītuō | 动 | 5 |
| 异彩纷呈 | yìcǎi fēn chéng | | 2 |
| 优势 | yōushì | 名 | 2 |
| 约束机制 | yuēshù jīzhì | | 29 |
| 运距 | yùnjù | 名 | 6 |

**Z**

| | | | |
|---|---|---|---|
| 载体 | zàitǐ | 名 | 2 |
| 造就 | zàojiù | 动 | 21 |
| 增长极 | zēngzhǎng jí | | 1 |
| 债券 | zhàiquàn | 名 | 29 |
| 占据 | zhànjù | 动 | 17 |
| 战略 | zhànlüè | 名 | 1 |
| 招架 | zhāojià | 动 | 10 |
| 拯救 | zhěngjiù | 动 | 13 |
| 整合 | zhěnghé | 动 | 22 |
| 正当 | zhèngdāng | 动 | 21 |
| 值钱 | zhíqián | 形 | 14 |
| 指数 | zhǐshù | 名 | 29 |
| 制高点 | zhìgāodiǎn | 名 | 18 |
| 质疑 | zhìyí | 动 | 18 |
| 滞销 | zhìxiāo | 动 | 17 |
| 主导 | zhǔdǎo | 形 | 26 |
| 主宰 | zhǔzǎi | 动 | 9 |
| 转型 | zhuǎnxíng | 动 | 25 |
| 追捧 | zhuīpěng | 动 | 30 |
| 资本市场 | zīběn shìchǎng | | 30 |
| 资产负债率 | zīchǎn fùzhàilǜ | | 17 |
| 资金 | zījīn | 名 | 13 |
| 足以 | zúyǐ | 动 | 13 |
| 作坊 | zuōfang | 名 | 22 |